Gerd Radspieler
Häfen und Ankerplätze
Griechenland 2

Gerd Radspieler

Häfen und Ankerplätze Griechenland 2

Ein praktischer Begleiter für Segler und Motorbootfahrer durch folgende Gebiete:

Attikaküste
Petalischer Golf
Südlicher Euböa-Golf
Südteil Euböas (Evvoia)
Kykladen

mit 150 Plänen

Delius Klasing Verlag

Der Autor wie der Verlag übernehmen für Irrtümer, Fehler oder Weglassungen keinerlei Gewährleistung oder Haftung. Die Pläne dienen zur Orientierung und nicht zur Navigation; sie ersetzen also keineswegs Seekarten und andere offizielle nautische Unterlagen.

Von Gerd Radspieler erschienen im Delius Klasing Verlag:

in der Reihe „Häfen und Ankerplätze"
Griechenland 1
Griechenland 2
Griechenland 3
Griechenland 4
Balearen

in der Reihe „Führer für Sportschiffer"
Türkische Küste
Griechische Küsten (Denham/Radspieler)

Die Deutsche Bibliothek – CIP-Einheitsaufnahme

Radspieler, Gerd:
Häfen und Ankerplätze in Griechenland: ein praktischer Begleiter für Segler und Motorbootfahrer durch folgende Gebiete: ... / Gerd Radspieler. – Bielefeld: Delius Klasing.
2. Attikaküste, Petalischer Golf, südlicher Euböa-Golf, Südteil Euböas (Evvoia), Kykladen. – 4., überarb. Aufl. – 1993
ISBN 3-7688-0547-6

ISBN 3-7688-0547-6
4., überarbeitete Auflage

© Copyright by Delius, Klasing & Co., Bielefeld
Text: Elfriede Radspieler
Pläne und Titelfoto (Hafen Batsi / Insel Andros): Gerd Radspieler
Meteorologischer Übersichtsplan aus
„Jachtfunkdienst Mittelmeer" mit Genehmigung des BSH
Druck: Kunst- und Werbedruck, Bad Oeynhausen
Printed in Germany 1993
Dieses Buch wurde auf chlorfrei gebleichtem Papier gedruckt.

Alle Rechte vorbehalten! Ohne ausdrückliche Erlaubnis des Verlages darf das Werk, auch nicht Teile daraus, weder reproduziert, übertragen noch kopiert werden, wie z. B. manuell oder mit Hilfe elektronischer und mechanischer Systeme einschließlich Fotokopieren, Bandaufzeichnung und Datenspeicherung.

Inhalt

Vorwort 6
Einführung 7
Informationen vor der Reise 8
Ein- und Ausreise 9
Was man auch noch wissen sollte 10
Seekarten, Seebücher 11
Bezugsquellen 12
Wind und Wetter 13
Seewetterbericht 14
Inseln, Häfen, Ankerplätze – tabellarisch 16
    Attikaküste 19
    Petalischer Golf, Südlicher Euböa-Golf, Südteil Euböas 44
    Kykladen 72
Register 217

Vorwort

Auch nach langjähriger Ägäis-Erfahrung kann ich die Kykladen nicht als ideales Segelrevier bezeichnen. Zu unberechenbar ist der Wind, gefährlich der auflandige Seegang und nervtötend das Kreuzen gegen beide. Es wäre verantwortungslos, das Gebiet als Urlaubsparadies für Familien mit kleinen Kindern und für Segelanfänger anzupreisen. Die leider viel zu selten veröffentlichten Tatsachen sprechen dagegen.
Daß sich allein vor Tinos in wenigen Jahren über 30 Seenotfälle ereigneten, wurde nur bekannt, weil sich ein Privatmann mit seinen freiwilligen Helfern in selbstlosem Einsatz Tag und Nacht um die Sportbootfahrer bemühte. In dem weiten übrigen Gebiet muß jeder in Ausnahmesituationen selbst zurechtkommen – und keine Statistik nimmt Notiz davon.
Andererseits erlebten viele Ägäis-Reisende das Revier unter besonders günstigen Bedingungen oder sehen die gemachten Erfahrungen in der Erinnerung in rosigerem Licht. Und die Faszination einer abenteuerlichen Segelreise bleibt. Warum also nicht? Der Reiz der kargen Inseln mit verträumten weißen Dörfern im vielzitierten Licht der Ägäis ist nicht abzuleugnen. Mir selbst hat sich das Revier mit verschiedenen Gesichtern gezeigt. Wenn ich warne, dann wegen der häufig festgestellten leichtfertigen Meinungen und ihrer nicht abzusehenden Folgen. Wenn ich eine Reise in die Kykladen befürworte, dann unter der Voraussetzung seglerischer Erfahrung, sorgfältiger Vorbereitung und bester Ausrüstung. So kann die Fahrt zu einem sportlichen Vergnügen werden. Und wenn schließlich außer guter Seemannschaft ein starkes Umweltbewußtsein im Seesack mitreist, ist zu hoffen, daß trotz des zunehmenden Yachttourismus die vielen noch unbekannten „absolut einsamen" Buchten auf den Kykladeninseln auch weiterhin unverändert erhalten bleiben.
Veränderungen hingegen sind vom einen zum anderen Besuch in vielen Häfen festzustellen, denn sowohl für einen schnelleren Fährverkehr als auch für eine lückenlose Versorgung der Inseln wurde manche zusätzliche Kaianlage gebaut. Dabei haben die Fischer häufig profitiert, indem gleichzeitig für sie bessere Liegeplätze geschaffen wurden. Dem Yachtreisenden kommt dies ebenso zugute, was aber nicht bedeutet, daß er sich ungefragt an allen freien Plätzen breitmachen sollte. Hafenverbesserungen sind also in erster Linie für die Ortsansässigen gedacht, ganz gleich, ob sie durch Fischfang oder Ausflugsfahrten ihren Unterhalt verdienen. Der Hinweis auf einen Liegeplatz ist keine Gewähr, dort tatsächlich festmachen zu dürfen. Auch Versorgungsmöglichkeiten können sich bis zum Erscheinen des Buches schon wieder geändert haben. In solchen Fällen sei dem Sportbootfahrer Gelassenheit empfohlen – dieselbe Gelassenheit, die die Inselbewohner mit allen Überraschungen fertig werden läßt, sogar mit dem Yachttourismus.

Regensburg, im Dezember 1992   G. R.

Einführung

Dieses Buch stellt eine nützliche Ergänzung zu den erforderlichen nautischen Karten und Büchern dar. Es sei ausdrücklich darauf hingewiesen, daß die abgebildeten Pläne – da nicht mit wissenschaftlichen Mitteln erarbeitet – nur als Orientierungshilfe gedacht sind und Detailkarten nicht ersetzen können. Die Kennungen der Leuchtfeuer wurden bewußt weggelassen, denn sie unterliegen am ehesten einer Änderung. Der Buchstabe „F." im Plan bedeutet lediglich, daß sich an dieser Stelle ein Feuer befindet. Maßgeblich und unentbehrlich für Nachtfahrten ist allein das aktuelle Leuchtfeuerverzeichnis.

Die Fahrten, auf denen das vorliegende Material gesammelt wurde, sind fast ausschließlich nach deutschen Seekarten unternommen worden. Deshalb wurde für die Ortsbezeichnungen die Schreibweise in den deutschen Seekarten gewählt, die freilich recht oft von der neugriechischen abweicht.

Die charakteristischen Merkmale der einzelnen Teilgebiete sind jeweils vor den Detailplänen und -beschreibungen in Übersichten (Text und Plan) zusammengefaßt. Das alphabetische Ortsregister am Ende des Buches erleichtert zudem das rasche Auffinden eines bestimmten Platzes.

Die Kykladeninseln werden in der Reihenfolge als großer Kreis behandelt, was aber nicht bedeuten soll, daß diese Route auf einer Reise zu bewältigen wäre. Es kann nicht genügend davor gewarnt werden, sich für einen Törn ein zu großes Gebiet vorzunehmen. Zu leicht verleitet der günstige Wind, falls man südwärts fährt, die Strecken auszuweiten, was auf dem Rückweg bei Seegang und Gegenwind zur pausenlosen Strapaze werden kann. Nicht umsonst schreiben Charterfirmen die Rückfahrt nach einem Drittel der gebuchten Zeit vor und untersagen das Auslaufen bei mehr als sechs Windstärken.

Kommt der Yachtreisende trotz guter Zeitkalkulation nach einem durch Starkwind erzwungenen längeren Hafenaufenthalt in zeitliche Bedrängnis, so sei hier ein Vorschlag gemacht, der sich in der Praxis bewährt hat. Ist das Aufkreuzen von Insel zu Insel in Richtung Athen zu mühsam und zeitraubend, so laufe man ohne Rücksicht auf die größere Entfernung mit günstigem Wind auf den Argolischen Golf bzw. Ydra zu. In der Nähe des Peloponnes kann man ziemlich sicher mit schwächerem Wind rechnen, so daß notfalls die knappe Zeit durch längere Motorfahrt, und sei es nachts, eingeholt werden kann. Dieser Tip mag zwar nicht gerade sportlich sein, ist aber praktischer als ein Gegenanbolzen auf Biegen und Brechen. Für den Fall, daß von vornherein Zweifel darüber bestehen, ob der Crew ein Kykladentörn überhaupt zuzutrauen ist, wird das Revier nördlich von Kap Sounion (Petalischer und Südlicher Euböa-Golf) empfohlen.

Gelegentlich mag es dem Leser erscheinen, als seien die beschriebenen Plätze nur bei mehr oder weniger starkem Meltemi besucht worden. Da nördliche Winde im Sommer vorherrschen, wird die Situation des jeweiligen Ankerplatzes ausdrücklich bei Meltemi geschildert. Der Yachtfahrer kann anhand der Detailpläne selbst leicht erkennen, welche Bucht dagegen zum Beispiel bei Südwind geeignet wäre. Auf jeden Fall werden schweres Ankergeschirr und ein Zweitanker dringend empfohlen.

Die Angaben über die Versorgung mit Wasser und Treibstoff entsprechen den jeweils vorgefundenen Tatsachen. Hier können kurzfristig Änderungen eintreten, weshalb man den Bedarf rechtzeitig einplanen sollte.

Informationen vor der Reise

Informationsschriften über Ein- und Ausreisebestimmungen, Bootsdokumente, Treibstoffversorgung, Wetterberichte usw.:
- „Segeln in der griechischen See", „Urlaub in Griechenland – Allgemeine Informationen" sowie Prospekte von Teilgebieten und Inseln können bei der Griechischen Zentrale für Fremdenverkehr angefordert werden.

Die Anschriften:
- Neue Mainzer Straße 22, 6000 Frankfurt/Main 1, Telefon (069) 236561-3
- Pacellistraße 2, 8000 München 2, Telefon (089) 222035-6
- Abteistraße 33, 2000 Hamburg 13, Telefon (040) 454498
- Opernring 8, 1015 Wien, Telefon (01) 525317-8
- Löwenstraße 25, 8001 Zürich, Telefon (01) 2210105

- „Informationen für die Sportschiffahrt – Griechenland" vom ADAC, Referat Sportschiffahrt, Am Westpark 8, 8000 München 70, Telefon (089) 7676107 (nur für ADAC-Mitglieder).
- „Wassersport in Griechenland", Merkblatt der Kreuzer-Abteilung des Deutschen Segler-Verbandes, Gründgensstraße 18, 2000 Hamburg 60, Telefon (040) 6320090.

Die Informationsstelle Mittelmeer der Kreuzer-Abteilung, Dichtlstraße 2, 8000 München 21, Telefon (089) 58682 (9–12 Uhr), und die Münchener Redaktion der YACHT, Sachsenkamstraße 5, 8000 München 70, Telefon (089) 7600033, beantworten auch spezielle schriftliche oder telefonische Anfragen.

Chartern. Charteryachten (Bareboat, Flottillen, Segeln mit Skipper) werden über Agenturen angeboten, deren Adressen dem Anzeigenteil der Wassersport-Zeitschriften entnommen werden können.

Anreise. Flugzeugreisende nehmen einen Direktflug nach Athen. Über die Anreise per Bahn, Fähre oder Auto sowie über Inlandsverbindungen gibt die Broschüre „Urlaub in Griechenland – Allgemeine Informationen" (siehe oben) Auskunft.
Inlandsflughäfen in dem beschriebenen Gebiet: Milos, Mykonos, Paros, Santorin (Thira).

Trailerboote. In den verschiedenen Handelshäfen sind die üblichen stationären Kräne vorhanden. Nur in der Olympic-Werft im Ormos Gaidouromandra bei Lavrion steht ein Travellift zur Verfügung. Im übrigen siehe die Hinweise auf Seite 20.

Nicht vergessen: Sonnenbrille, Ölzeug, einige warme Kleidungsstücke, Medikamente gegen Seekrankheit, Sonnenbrand, Magen- und Darmerkrankungen. Literatur über Landschaft, Geschichte, Kunstgeschichte und Archäologie.

Ein- und Ausreise

Für die Einreise nach Griechenland genügt normalerweise der Personalausweis. Erfolgt die **Einreise über See** auf eigenem Kiel, sollte der Eigner einen Reisepaß mitführen, da in diesen der Name des Bootes eingetragen wird.
Beim Einlaufen in griechische Hoheitsgewässer ist der Schiffsführer verpflichtet, auf dem kürzesten Weg einen Port of Entry anzusteuern. Segelboote setzen im Steuerbordwant unter der Saling, Motorboote am Bugflaggenstock die Gastlandflagge; außerdem ist die gelbe Flagge „Q" aufzuziehen.

Ports of Entry in dem in diesem Buch beschriebenen Gebiet sind u. a.: Zea, Vouliagmeni, Lavrion, Syros.

Nach Vorlage der Schiffspapiere (Internationaler Bootsschein für Wassersportfahrzeuge o. ä.), einer Crewliste aller an Bord befindlichen Personen mit Geburtsdatum und -ort, Paßnummer und Nationalität sowie der Pässe (Personalausweise) wird das **Transitlog** ausgestellt, das zum Befahren der griechischen Gewässer für 6 Monate berechtigt und danach verlängert werden kann.*
Im Transitlog werden nicht nur zur Yacht gehörende Ausrüstungsgegenstände wie Beiboot, Rettungsinsel und Funkgerät vermerkt, sondern auch private Wertgegenstände (Kameras, Radiogeräte). Dies hat den Vorteil, bei Diebstahl oder Verlust den Besitz nachweisen zu können. Es empfiehlt sich, die Crewliste in mehrfacher Ausfertigung mitzuführen. Ein Stempel mit Schiffsnamen unter der Unterschrift des Skippers wird gern gesehen. Nicht in jedem Hafen werden später die Papiere zur Einsicht verlangt; gelegentlich erledigt auch ein Beamter in Zivil die Formalitäten. In einigen Häfen wird das Transitlog bis zur Weiterfahrt einbehalten. Manchmal wird eine geringe Gebühr kassiert.

Die **Ausreise über See** muß ebenfalls über einen Port of Entry erfolgen. Das Transitlog ist abzugeben. Es ist unbedingt darauf zu achten, daß im Paß des Eigners die Eintragung des Bootes wieder gelöscht wird.*

Bei der **Einreise über Land** mit einem Trailerboot wird im Paß des Eigners eine entsprechende Eintragung vorgenommen, die bei der Ausreise mit dem Boot wieder gelöscht wird. Die Aufenthaltsfrist beträgt 6 Monate.*

---

* Bis zur Drucklegung war keine verbindliche Auskunft darüber zu erhalten, welche Änderungen sich durch die neuen Regelungen im Zusammenhang mit dem Europäischen Binnenmarkt ab 1.1.1993 ergeben werden. Gegebenenfalls erkundige man sich bei den Griechischen Zentralen für Fremdenverkehr (Anschriften siehe Seite 8) oder anderen Informationsstellen über den aktuellen Stand.

Was man auch noch wissen sollte

Führerschein. Der Skipper einer Yacht muß einen Befähigungsnachweis gemäß den Bestimmungen des Heimatlandes für den entsprechenden Fahrtbereich besitzen (Sportbootführerschein See). Beim Chartern eines Bootes muß ein weiteres Crewmitglied im Besitz eines Bootsführerscheines sein.

Versicherungspflicht. Eine Haftpflichtversicherung ist nicht vorgeschrieben, wird jedoch im eigenen Interesse empfohlen.

Verchartern, Crewwechsel. Das Verchartern von Yachten unter ausländischer Flagge ist nicht gestattet. Charterboote, die aus dem Ausland kamen, erhielten bisher in Griechenland keine Fahrgenehmigung für griechische Gewässer. Neuerdings sollen Charterboote griechische Häfen anlaufen und mit derselben Crew wieder verlassen dürfen. Genaueres sollte man von Fall zu Fall bei den zuständigen Behörden erfragen.

Ebenfalls nicht erlaubt war bisher Crewwechsel; auch diese Vorschrift wird möglicherweise künftig gelockert werden. Verwandte des an Bord befindlichen Eigners können problemlos an und von Bord gehen.

Wasser. Da die Versorgung mit größeren Mengen Wasser auf manchen Inseln schwierig ist, sollte man Bedarf und Route entsprechend abstimmen.

Treibstoff. Die Versorgung mit Treibstoff ist problemlos. Kleiner Bedarf ist per Kanister fast überall zu decken. Eigner von Motoryachten können bei der Hafenpolizei erfahren, ob und wo eine Belieferung per Tankwagen möglich ist. Tankstellen wurden vielfach an die Ortsausgänge verlegt.

Marinas, Winterlager, Reparaturen. Einzelheiten hierüber siehe unter „Attikaküste" auf Seite 20. Im übrigen sei auf das Merkblatt „Wassersport in Griechenland" der Kreuzer-Abteilung des DSV und auf die Broschüre „Segeln in der griechischen See" der Griechischen Zentrale für Fremdenverkehr hingewiesen (siehe Informationsschriften auf Seite 8).

Telefon. Telefonämter sind erkennbar an den Buchstaben „OTE". Darüber hinaus kann man an Kiosken oder in Cafés telefonieren. Es besteht eine direkte Telefonverbindung: Vorwahlnummer Deutschland 0049 (die Null vor der Ortskennzahl nicht wählen), Österreich 0043, Schweiz 0041.

Post- und Telefonämter sind ebenso wie Banken normalerweise an Samstagen und Sonntagen geschlossen. In Fremdenverkehrszentren werden Ausnahmen gemacht.

Touristenpolizei (Touristiki Astinomia) ist auch in kleineren Orten vertreten. Sie erweist sich als sehr hilfsbereit in allen Fragen.

Seekarten

Karte Nr.	Titel	Maßstab 1:
1	Zeichen, Abkürzungen, Begriffe in deutschen Seekarten	
D 606	Übersegler: Ägäisches Meer	750000
D 669	Volos bis Akrotirion Aliveri (Südl. und Nördl. Euböa-Golf, Chalkis)	150000
D 670	Kykladen nördlicher Teil (Attikaküste Ost, Süd-Euböa, Andros, Tinos, Mykonos, Syros, Kythnos, Kea)	150000
D 671	Kykladen südlicher Teil, Blatt I (Seriphos, Siphnos, Milos, Paros, Sikinos, Pholegandros)	150000
D 672	Ak. Velani bis Ak. Trikkeri (Attikaküste)	150000
D 673	Kykladen südlicher Teil, Blatt II (Mykonos, Naxos, Erimonisia, Levitha, Astypalaia, Amorgos, Anaphi, Thira, Ios)	150000
außerdem D 667, 1081, 1089, 1090, 1091 (nur Detailpläne)		div.

Seebücher

Veröffentlichungen des Bundesamtes für Seeschiffahrt und Hydrographie (BSH), Hamburg:
− Mittelmeer-Handbuch, IV. Teil: Jugoslawien, Albanien und Griechenland. Bestell-Nr. 2030.
− Verzeichnis der Leuchtfeuer und Signalstellen, Teil V: Mittelmeer und Schwarzes Meer. Bestell-Nr. 2105.
− Jachtfunkdienst Mittelmeer. Bestell-Nr. 2159.

Bezugsquellen

Die vom BSH herausgegebenen nautischen Karten und Bücher werden von autorisierten Vertriebsstellen und deren Auslieferungsstellen verkauft. Hier sind einige Anschriften:

1000 Berlin 45
Dietrich Reimer, Unter den Eichen 57
Tel.: 030/8314081

2000 Hamburg 11
Bade & Hornig GmbH, Herrengraben 31
Tel.: 040/374811-0

2000 Hamburg 11
Eckardt & Messtorff GmbH, Rödingsmarkt 16
Tel.: 040/371334

2000 Hamburg 73
Versandbuchhandlung K. Radtke & Sohn
Hohenkamp 30, Tel.: 040/6472250

2300 Kiel 17
Nautischer Dienst, Kapt. Stegmann & Co.
Maklerstr. 8, Postfach 8070
Tel.: 0431/331772, 332353

2400 Lübeck-Travemünde
Buchhandlung W. Nitz oHG, Postfach 150220
Rose 2, Tel.: 04502/2868

2800 Bremen 1
„Seekarte", Kapt. Dammeyer, Korffsdeich 3
Tel.: 0421/395051/52

2850 Bremerhaven
Datema GmbH, Am Seedeich 39
Tel. 0471/799815

2980 Norden 2
M. Wagner, Yacht- u. Bootszubehör
Fischereihafen 5, Postfach 1106
Tel.: 04931/81300

4000 Düsseldorf-Hafen
Wassersport am Rheinturm
Olbermann & Gulla GmbH, Kaistraße 11a
Tel.: 0211/305023

5000 Köln 1
Buchhandlung Sieger am Dom, Komödienstraße 7, Tel.: 0221/2576714

6000 Frankfurt/M. 1
R.A. Lust, Liliencronstraße 11
Tel.: 069/561698

6232 Bad Soden
Verlag Rheinschiffahrt, Sperberstr. 25
Postfach 1325, Tel.: 06196/28866

8000 München 2
GEOBUCH GmbH, Rosental 6
Tel.: 089/265030

8000 München 45
Leonhartsberger, Seekarten & Jachtzubehör, Marienbader Straße 12
Tel.: 089/3110050

O-2300 Stralsund
Seemännisch-Technische Handelsgesellschaft mbH, Querkanal 4a
Tel.: 03831/293063 u. 297493

O-2540 Rostock-Überseehafen 40
Nautischer Dienst, Kapt. Stegmann
Niederlassung Rostock, Postfach
Tel.: 0381/3663 1600

A-1010 Wien
Freytag-Berndt & Artaria
Kohlmarkt 9, Tel.: 01/5332094/95

A-6020 Innsbruck
Freytag-Berndt & Artaria
Wilhelm-Greil-Str. 15
Tel.: 05222/25130

A-1140 Wien
Chr. Bernwieser
Schanzstr. 15, Tel.: 01/955166

CH-5042 Hirschthal
Cumulus/S. Ragoni
Hauptstr. 84, Tel.: 064/813562

Eine vollständige Adressenliste der Vertriebs- und Auslieferungsstellen kann beim Bundesamt für Seeschiffahrt und Hydrographie (BSH), Bernhard-Nocht-Straße 78, 2000 Hamburg 36, Telefon 040/31902070, angefordert werden.

Wind und Wetter

Für das in diesem Buch behandelte Gebiet werden nur die sommerlichen Wetterverhältnisse (etwa Mai bis September) berücksichtigt. Zu dieser Zeit kann der Reisende mit meist wolkenlosem Sonnenwetter rechnen, gelegentliche Wärmegewitter in Festlandsnähe ausgenommen.

Sowohl die Attikaküste als auch der Südteil Euböas befinden sich im Einflußbereich des Meltemi (Etesienwind), der in der Zeit von Juni bis September als trockener, kühler Nord- bis Nordostwind in der nördlichen Ägäis und als Nord- bis Nordwestwind in der südlichen Ägäis auftritt. Er bestimmt vor allem das Klima der Kykladen und erreicht hier oft Sturmstärke. Je nach Küstenformation und Höhe der Berge sind Böen von 8 Beaufort und mehr keine Seltenheit. Im allgemeinen gelten die Monate Mai und Juni als ruhige Zeit, in denen die Windverhältnisse noch nicht stabil sind; die Winde können variabel sein oder aus südlicher bis westlicher Richtung kommen. Es kann aber durchaus vorkommen, daß schon im Mai tagelang ohne Unterbrechung harte Nordwinde wehen, wie sie normalerweise erst im Juli und August erwartet werden. Man sollte deshalb auch bei einer Reise im Mai nicht ohne Ölzeug und warme Sachen auf Fahrt gehen.

Dagegen können ebensogut in den ausgeprägten Meltemi-Monaten Juli, August und September einzelne Tage windstill sein. Eine zuverlässige Vorhersage ist daher auch für diese Monate nicht möglich. Es gibt Jahre, in denen der Meltemi am Morgen allmählich einsetzt, sich über Tag steigert, am Nachmittag die größte Stärke erreicht und nach Sonnenuntergang einschläft. In anderen Jahren wiederum kann er mit unverminderter Härte Tag und Nacht durchwehen, so daß keine Ruhe zu finden ist.

Eine Folge anhaltender Winde ist der meist kurze und steile Seegang zwischen den Inseln. Wegen der je nach Höhe der Berge mehr oder weniger heftigen Fallböen wird zwar immer wieder vor den Leeküsten gewarnt, doch ist es gefahrloser, mit verkleinerter Segelfläche dicht unter Land zu laufen, als auf der Luvseite dem auflandigen Seegang ausgesetzt zu sein. Hierbei habe ich wiederholt beobachtet, daß an den steilen Nordseiten hoher Inseln (z. B. Naxos, Syros, Astypalaia) ein plötzlicher Windstau herrscht, bei dem ein Vorwärtskommen unter Segeln allein nicht mehr möglich ist. Wenn der Seegang das Boot immer mehr zum Land hin versetzt, so hilft zum Freikommen oft nur noch der Motor. Genügend Abstand zur Küste ist von vornherein dringendes Gebot.

Bei dieser Gelegenheit stellt sich die Frage, ob das geschilderte Revier für Motorboote geeignet ist. Für die Attikaküste, den Petalischen und den Südlichen Euböa-Golf ergeben sich bei Beachtung der Wetterlage keine Zweifel, für die Kykladen sind Vorbehalte angebracht. Denn während Segler sich noch des schönsten Windes erfreuen, müssen Motorbootfahrer wegen zu hohen Seegangs oder ungünstiger Wellenrichtung bereits den Hafen hüten. Andererseits können Motorboote Strecken, für die Segler Stunden benötigen, in kürzester Zeit zurücklegen. Bei sorgfältiger Planung kann also auch ein Urlaub mit dem Motorboot − vorzugsweise in der Vor- und Nachsaison, wenn die Wahrscheinlichkeit leichterer Winde größer ist − in den Kykladen zu verantworten sein.

Die Strömung zwischen den Inseln setzt im allgemeinen in südliche Richtung. Auf besonders starke Strömungen wird jeweils an gegebener Stelle hingewiesen.

Seewetterbericht

Der griechische Rundfunk sendet werktags um 0630 Uhr Ortszeit einen Seewetterbericht in griechischer und englischer Sprache, sonntags wegen der griechisch-orthodoxen Frühandacht etwas verspätet. Die Frequenz: Athen 729 kHz. Weitere Angaben über Frequenzen und Sendezeiten sind dem „Jachtfunkdienst Mittelmeer" zu entnehmen, der alljährlich erscheint (siehe Seite 11).

Sturmwarnung (Gale-warning) wird bei zu erwartenden Windstärken von 8 Bft und mehr gegeben; sonst lautet die Durchsage: „No gale". Es folgen die Wetterlage (Synopsis), die Vorhersage (Forecast) und die Aussicht (Outlook) für die nächsten 12 beziehungsweise 24 Stunden.

Da die Vorhersagezonen jeweils sehr große Seegebiete umfassen, können gemeldete Windstärke und -richtung erheblich von den lokal tatsächlich herrschenden Verhältnissen abweichen. Dies gilt vor allem für die Randgebiete der Ägäis.

Küstengewässer:

1 Saronicos
2 S Evvoicos
3 Thermaicos
4 Korinthiacos
5 Patraicos
6 NW Aegean
7 NE Aegean (Nordhälfte)
   Central Aegean (Südhälfte)
8 SW Aegean
9 SE Aegean
10 Samos Sea
11 Thrakiko
12 Kos-Rodos Sea
13 W Karpathio
14 E Karpathio
15 E Kretan
16 W Kretan
17 Kithira Sea

Seegebiete:

A North Adriatic
B South Adriatic
C North Ionian Sea
D South Ionian Sea
E Boot
F Melita
G Gabes
H Sidra
I Libyan Sea
J Ierapetra Sea
K Delta
L Crusade
M Taurus
N East Black Sea
O West Black Sea
P Marmara

Je nach Wetterlage werden die Gebiete zusammengefaßt oder unterteilt, so daß die angegebene Reihenfolge nicht gewährleistet ist.

Uhrzeit. In Griechenland gilt die osteuropäische Zeit, das heißt UTC + 2 Stunden, während der Sommerzeit UTC + 3 Stunden.

Griechische Bezeichnungen der Windrichtungen
N = animi vorii
NE = vorio anatolikos
E = anatolikos
SE = notio anatolikos
S = notios
SW = notio ditikos
W = ditikos
NW = vorio ditikos

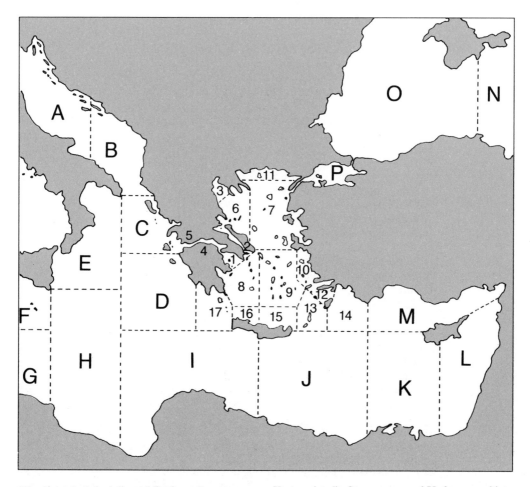

Die dem „Jachtfunkdienst Mittelmeer" entnommene Karte zeigt die Sturmwarn- und Vorhersagegebiete, unterteilt nach Küstengewässern und Seegebieten.

Inseln, Häfen, Ankerplätze – tabellarisch

Attikaküste 19
Hafen Ln. Zeas, Port of Entry;
Hafen Ln. Mounichias 22
Häfen Flisvos, Tsitsifion Kallitheas, Amphitheas 24
Hafen Kalamaki – Alimos Marina 26
Hafen Glyphada Marina 4 28
Häfen Glyphada Marina 3, Voula 30
Marina Vouliagmeni, Port of Entry 32
Hafen Varkiza 34
Hafen Lagonisi 35
Hafen Palaia Phokaia, O. Anavyssou, Gaidouroniso 36
Limin Sounion 37
O. Gaidouromandra – Olympic Marina 38
Hafen Lavrion, Port of Entry; Hafen Loutsa 40
Porto Raphti 42
Petalischer Golf, Südlicher Euböa-Golf, Südteil Euböas 44
Häfen Raphina, Mati, Nea Makri 46
Hafen Apostoloi 48
Anlegeplatz Skala Oropou, Dilessi 49
Hafen Chalkis 50
Hafen Nea Psara (Eretria), O. Levkanti 54
Hafen Amarynthos 56
Hafen Aliveri 57
Porto Vouphalo 59
Ankerbuchten im O. Vouphalos 60
O. Almyropotamos (Panagia) 61
Ankerplätze um Ns. Styra – Kolpos Petalion 62
Anlegeplatz Nea Styra 64
Ankerbuchten bei Ak. Strongylo 65
Hafen Marmari 66
Ankerbucht nördlich Marmari 67
Inselgruppe Noi. Petalioi 68
Hafen Karystos 69
O. Kastri 70
O. Petries (A. Apostoloi) 71
Insel Andros 72
Hafen Batsi 74
Hafen Gavrion 76
Hafen Andros (Kastron) 78
O. Korthiou 80
Insel Tinos 81
O. Panormou 83
Hafen Tinos 84
Insel Syros 86
Hafen Syros (Ermoupolis), Port of Entry 88
Ankerbucht Ns. Gaidaros: O. Megali Angali 90
O. Varis 91
O. Phoinikos 93

Hafen Poseidonia (O. Phoinikos) 94
O. Galissas 95
O. Kyni 96
O. Delphino 97
O. Aetou 98
O. Megas Lakkos 99
Inseln Mykonos, Dilos und Rineia 100
Hafen Mykonos 102
O. Ornos 104
O. A. Annas (mit Bucht westl. Ak. Tarsanas und
„Kalafatis-Beach") 105
Durchfahrt Stenon Dilou mit Fourni-Bucht 106
Ankerplätze Insel Rineia (O. Miso, Ankerplatz im Süden, O. Schino) . 108
Inseln Paros, Antiparos und Despotiko 110
Hafen Naousa (O. A. Ioannou, O. Langeri, O. Plastira) 112
Hafen Paroikia (Paros) 114
Durchfahrt Stenon Antiparou 116
Ankerplatz Antiparos 117
O. Despotikou 118
Hafen Piso Leivadi (O. Marpissa/Ostküste Paros) 119
Insel Naxos und die Erimonisia (O. Moutsouna) 120
Hafen Naxos, O. A. Prokopiou 122
O. Apollona 124
O. Panormou 125
O. Kalanto, O. Rena 126
O. A. Georgiou (Insel Irakleia) 127
O. Pigadi (Insel Irakleia) 128
O. Myrsini (Insel Schinousa) 128
Häfen Parianos und Ano Kouphonisos (Insel Ano Kouphonisos) . . . 130
Ankerbucht Insel Karos 132
Ankerplatz zwischen Ns. Drima und Ns. Antikaros 133
O. Dendron (Insel Donousa) 134
O. Stavros (Insel Donousa) 135
O. Roussa, O. Mataio (Insel Donousa) 136
Inselgruppe Levitha 137
O. Pningo (Insel Kynaros) 137
O. Vathy (Insel Levitha) 138
O. Levitha (Insel Levitha) 139
Insel Astypalaia 140
O. Panormou 141
Porto Vathy 142
Porto Agrilithi 143
Ankerplätze von P. Agrilithi bis O. Leivadia: O. Vryssi,
O. Schinounta, O. Maltezana, Bucht an der Landenge, O. Leivadia . . 144
Hafen Skala (Astypalaia) 147
Insel Amorgos 148
Ankerbucht westlich von O. Paradeisia 149
Hafen Katapola 150
O. Kalotyri 151
Hafen Aigiali 152
O. Vlychada 153
Inseln Thira (Santorin), Thirasia, Palaia und Nea Kammeni . . . 154
Ankerplätze Monolithos und Aktrotiri (Thira) 156

Anlegestelle O. Athinio (Thira)	158
Ankerplatz Insel Nea Kammeni	159
Bucht Insel Palaia Kammeni	160
O. A. Nikolaou (Thirasia)	161
Anlegeplatz Thira (Skala)	162
Anlegeplatz Marmariai, Ankerplatz Mouzaki (Thira)	164
Insel Ios	165
Hafen Ios	166
O. Manganari	168
O. Treis Klisies	169
Insel Sikinos und O. Skala	170
Insel Pholegandros	171
O. Karavostasi	172
O. Vathy	173
Inseln Milos, Antimilos, Kimolos und Polyaigos	174
Ankerplatz Westküste Polyaigos	176
Ankerbucht Prasonisi (Kimolos)	177
Hafen Psathi (Kimolos)	178
Ankerplatz Vr. A. Andreas (Kimolos)	179
Hafen und Bucht Pollonia (Milos)	180
O. Milou	181
Hafen Adamas (Milos)	182
Insel Siphnos	184
O. Kastro	186
O. Pharos	187
O. Platys Gialos	188
O. Phykiada	189
O. Vathy	190
Hafen Kamarai	191
Badebuchten nördlich von Kamarai	192
O. A. Georgiou	193
Insel Seriphos	194
O. Koutala	195
Hafen Leivadion (Seriphos)	196
Insel Kythnos	198
Ankerplätze nördlich von O. Mericha: O. Apokreiosis, Angali Phykiada, O. Kolona, O. Episkopis	200
Hafen Mericha	202
O. Loutron, O. A. Eirinis	204
O. A. Stephanou, O. A. Ioannou, O. Kanala	206
Insel Kea	208
Ln. A. Nikolaou: Hafen Korissia, O. Vourkari	210
Ln. Orgias	212
O. Kalydonychi	213
O. Polais	214
O. Kavia (Koundouros Bay)	215
O. Pisa	216

Attikaküste

Seekarten D 670, 672, 1081 und 1089

Mit Bedacht sind die Häfen der Attikaküste ab Piräus in dieses Buch aufgenommen worden, weil die Anreise der meisten Sportbootfahrer über Athen erfolgt. Zahlreiche Yachtcharterunternehmen haben ihren Sitz in Athen oder verwalten von da aus ihre Flotten. Auch viele Privatyachten sind in den Marinas dieses Gebietes stationiert. Es wird also davon ausgegangen, daß ein Törn zu den Kykladeninseln an der Attikaküste beginnt oder endet.

Ein zweiter, nicht zu unterschätzender Grund sind die Windverhältnisse in diesem Revier, die den Schiffsführer zwingen können, die Reise in einem anderen als dem geplanten Hafen zu beenden oder das gecharterte Boot dort zu übernehmen. In diesem Fall ist es zweckmäßig, auch andere Häfen an dieser Küste zu wissen.

Die guten Verkehrsverbindungen mit Athen und das enorme Ferienangebot an der Attikaküste, aber auch die Sehenswürdigkeiten der griechischen Hauptstadt haben zu einem überquellenden Fremdenverkehr geführt, der sich auch in den immer zahlreicher werdenden Yachthäfen niederschlägt, deren Bau hinter dem tatsächlichen Bedarf herhinkt. Schon deshalb ist es gut, möglichst viele Häfen zu kennen, um notfalls ausweichen zu können.

Für das aus der Seekarte ersichtliche Verkehrstrennungsgebiet im Golf von Athen gelten die internationalen Regeln. Die Berufsschiffahrt hat Vorrang, Segler können hier nicht mit der Rücksichtnahme der Frachter und Liniendampfer rechnen.

Während die Windverhältnisse im Saronischen Golf unterschiedlich sind, je weiter man sich von der Festlandsküste entfernt — meist wehen leichte Tagesbrisen —, macht sich an der Küste der Meltemi bemerkbar, je näher man Kap Sounion kommt. Schon vorher sind Fallböen vom Land her zu erwarten. Insbesondere sei hier auf die Durchfahrt zwischen dem Festland und der Insel Gaidouroniso hingewiesen, wo der Wind mit unverminderter Heftigkeit aus wechselnden Richtungen einfallen kann.

An der Ostküste von Attika sind im Sommer nördliche Winde vorherrschend. Die aufgeführten Häfen und Ankerplätze werden für den nützlich sein, der in kleinen Schlägen zunächst nach Norden steuert, um dann quer über den Kolpos Petalion zur Südküste Euböas und weiter mit günstiger Windrichtung nach Andros zu gelangen; denn gerade für eine Crew mit einem gecharterten und deshalb nicht in allen Funktionen bekannten Boot kann die direkte Strecke Sounion−Kea−Andros eine erste Kraftprobe in der Ägäis bedeuten!

Auch für die Fahrt in nördlicher Richtung an der Ostküste Attikas entlang sollte man − wie überall in der Ägäis − die frühen Morgenstunden nutzen und mit dem beginnenden Wind möglichst rasch seinen nächsten Zielhafen ansteuern, noch bevor sich der Seegang aufbauen kann. Wiederholt habe ich beobachtet, daß die Fallböen z. B. in der Bucht von Sounion stärkeren Wind vermuten ließen, als draußen tatsächlich herrschte, so daß manche Crew das Auslaufen unnützerweise verschob.

Nicht alle Buchten an der Ostküste Attikas werden einzeln beschrieben; bei ruhiger Wetterlage kann noch die eine oder andere einen schönen Aufenthalt ermöglichen.

Marinas, Winterlager, Reparaturen. In der bereits erwähnten Informationsschrift „Segeln in der griechischen See" der Griechischen Zentrale für Fremdenverkehr werden zwölf Marinas aufgeführt, von denen sechs in dem hier beschriebenen Gebiet liegen:
Zea, Flisvos, Alimos, Glyphada, Vouliagmeni, Olympic. Mit Ausnahme von Flisvos kommen diese Marinas als Überwinterungshäfen in Betracht, sofern dort ein Platz zu erhalten ist.
Stellplätze an Land für längere Zeit gibt es in Alimos und in der Olympic-Werft. Werden Reparaturen notwendig, die im Raum Attika ein Anlandheben des Bootes erfordern, kommt vor allem die Olympic-Werft in der Gaidouromandra-Bucht bei Lavrion (siehe Seite 38) in Betracht, weil sie auf Reparaturen von Yachten eingestellt ist und einen Travellift besitzt.
Außerdem seien erwähnt: Werft in Perama nordwestlich von Piräus mit Travellift (von See aus zu sehen); Eigenarbeit möglich, jedoch keine Stellplätze für längere Zeit. Werft Lefteris Koupetoris (mit Slip), Ormos Salaminos (Insel Salamis).
Unbedingt zu beachten ist, daß das Transitlog nur 6 Monate gilt und bei längerer Abwesenheit des Eigners beim Zoll des Hafens abzugeben ist, in dem das Boot liegt. Nach einem Jahr ununterbrochenen Aufenthalts in Griechenland wird die Sonderabgabe zugunsten der Hafenkasse („Hafenverbesserungssteuer") in Höhe von 15 US-Dollar je Fuß Schiffslänge fällig. In Zweifelsfällen sollte man bei der Griechischen Zentrale für Fremdenverkehr, E.O.T. (Ellenikos Organismos Tourismou), Athen, Odos Amerikis 2, Telefon (01) 3223111/9, Rückfrage halten.

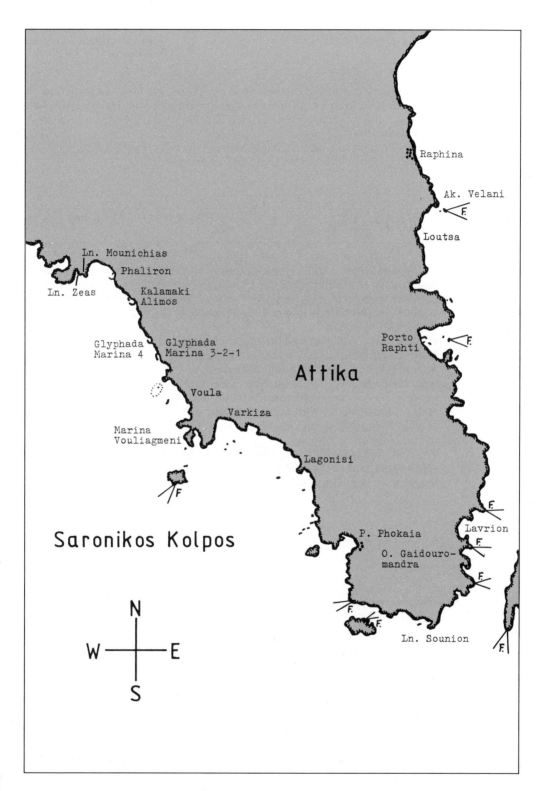

Hafen Ln. Zeas

Saronikos Kolpos, Attikaküste
Port of Entry, 37°56,3'N 023°39'E

Die Marina Zea (auch Passalimani) ist das ganze Jahr über mit Dauerliegern total überfüllt. Meistens wird man schon im Vorhafen vom Hafenpersonal abgefangen und weitergeschickt. Großen Yachten wird gegebenenfalls ein Platz im Außenhafen zugewiesen.

Die Versorgungsmöglichkeiten in Zea sind natürlich bestens, auch gibt es rund um den Hafen Schiffshändler und Servicestationen.

Hafen Ln. Mounichias

37°56,3'N 023°39,7'E

Der Hafen Mounichia (Mikrolimano oder Tourkolimano), unmittelbar östlich von Zea, ist den Mitgliedern des Griechischen Yachtclubs (Navtikos Omilos Ellados) vorbehalten. Das außerordentlich hübsch gelegene Hafenbecken ist stellenweise sehr flach und mit einheimischen Booten voll belegt. Selten finden Gäste Aufnahme.

Nächste Ausweichhäfen sind Flisvos und Kalamaki (Alimos Marina).

Die Ansteuerung sowohl von Zea als auch von Mounichia bereitet keine Schwierigkeiten, die Einfahrten sind befeuert.

Angesichts der Nähe der Stadt Piräus sind die Versorgungsmöglichkeiten ausgezeichnet. Wasseranschlüsse sind überall vorhanden.

Rings um den Hafen Mounichia befinden sich zahlreiche Lokale, in denen abends die Stimmung mit Gesang und Tanz aufgeheizt wird. Mit Nepp muß gerechnet werden.

Zea und Mounichia gab es bereits in der Antike. Mounichia ist nach dem Hügel benannt, auf dem sich die Akropolis von Piräus befand. Heute wird der Stadtteil auf dem Hügel Kastella genannt.

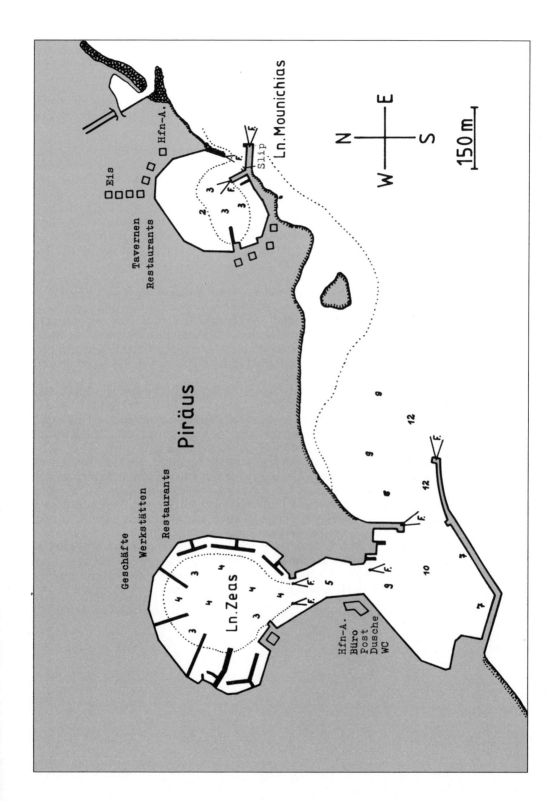

Hafen Flisvos

Ormos Phalirou, Saronikos Kolpos, Attikaküste
37°56,2′N 023°41′E

Immer noch im Bau befindliche Marina der E.O.T. (Griechische Zentrale für Fremdenverkehr) in der Nähe von Athen und Piräus, 1,5 sm östlich von Zea gelegen.

Achtung

Da die Bauarbeiten an den verschiedenen Häfen in diesem Bereich zügig voranschreiten und laufend Veränderungen festzustellen sind, außerdem große Gebiete an dieser Küste aufgefüllt werden, ist es unbedingt erforderlich, bei der Annäherung die neueste Ausgabe der Seekarte D 1081 (Ansteuerung von Piräus) zu benutzen, die freilich auch nicht den aktuellen Stand zeigen kann.
Bei der Ansteuerung von Flisvos läßt sich zwar die lange Molenmauer schon von weitem ausmachen, doch sind die Molenfeuer teilweise noch an ihrem alten Platz und nicht am Ende der im Bau befindlichen Molenteile. Bei der Annäherung ist also größte Vorsicht geboten.

Seit der Molenverlängerung ist in der **Marina Flisvos** der Schutz gegen Seegang sehr viel besser geworden. Die Wassertiefen an den Kais sind überall ausreichend auch für große Yachten. Der südliche Teil des Hafens, vor allem die Innenseite der Mole, wird von Ausflugsdampfern, die im Sommer die Inseln anlaufen, und von großen Privatyachten benutzt. Auch Gäste finden gelegentlich für kürzere Zeit einen Liegeplatz. Die Gebühren sind für die ersten drei Tage sehr hoch.
Es gibt Wasser- und Stromanschlüsse, Treibstoff per Tankwagen. Einkaufen nur per Taxi.
Die Grünflächen, die auf dem aufgeschütteten Land zwischen dem Hafen und der mehrspurigen Hauptverkehrsstraße angelegt wurden, dämpfen den Straßenlärm zwar etwas, doch die Fluglärmbelästigung ist groß.
Unter „Phaliron" versteht man insgesamt die verschiedenen Hafenanlagen in der Bucht Ormos Phalirou. Die Bucht von Phaliron war bereits Ankerplatz der Athener Kriegsschiffe, noch bevor Anfang des 5. Jahrhunderts v. Chr. durch Themistokles die Häfen von Piräus gebaut wurden. Heute reiht sich an diesem Küstenabschnitt ein Hafen an den anderen; trotzdem reichen die Plätze für Dauerlieger und Gäste bei weitem nicht aus.
Die beiden nördlich an Flisvos anschließenden Sportboothäfen, **Omilos Amphitheas** und **Tsitsifion Kallitheas,** sind überbelegt. Gäste werden nicht gern gesehen. Auch hier wird gebaut und Land aufgeschüttet. Die Wassertiefen südlich und östlich der befeuerten Bake sind unbekannt.

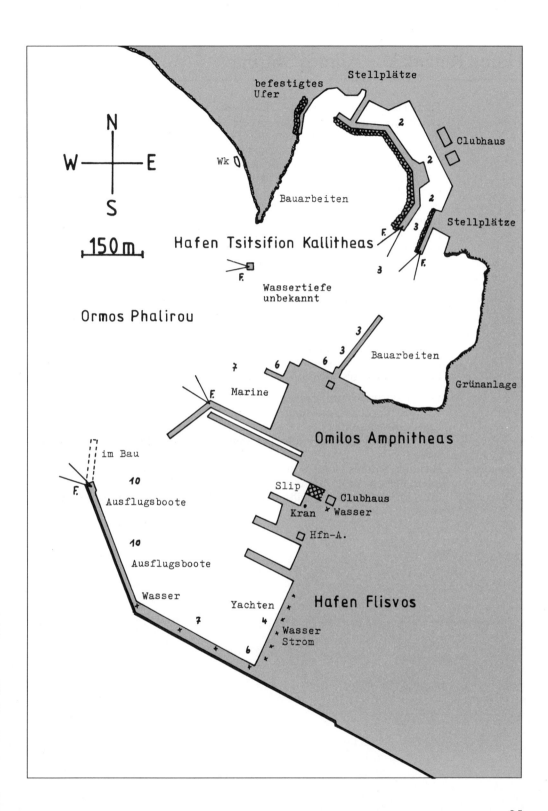

Hafen Kalamaki – Alimos Marina

Saronikos Kolpos, Attikaküste
37°54,8'N 023°42,2'E

Diese Hafenanlage mit etwa 1000 Liegeplätzen geht auf die Initiative der Griechischen Zentrale für Fremdenverkehr (E.O.T.) zurück. Die fortschreitende Bebauung der gesamten Küste von Piräus bis Glyphada hat zum Ziel, zwischen der vielbefahrenen Straße und dem Meer eine Erholungszone mit Grün- und Sportanlagen sowie Vergnügungsplätze zu schaffen.

Die Ansteuerung des Hafens bereitet bei Tag keine Schwierigkeiten. Die pausenlos startenden und landenden Flugzeuge geben von weitem die Richtung des Flughafens von Ellinikon an, der etwa 2 sm südöstlich von Kalamaki liegt. Beim Näherkommen macht man die Steinschüttung der Molen aus. Obwohl die Einfahrt befeuert ist, wird das Einlaufen nachts durch die vielen Lichter an Land erschwert.

Die ersten Stege im Osten des Hafens werden von einem Yachtclub beansprucht. Gästen der Alimos-Marina wird meist ein Platz an der inneren Mole zugewiesen. Die Wassertiefe ist überall ausreichend. Viele Plätze sind von Charterfirmen belegt, die für ihre Boote mit Bojen markierte Murings ausgelegt haben.

Man ist verpflichtet, sich im Büro der Marina anzumelden und die Liegegebühr im voraus zu bezahlen.

Stellplätze an Land sind reichlich vorhanden, jedoch können mit dem Autokran nur Boote bis höchstens 16 t aus dem Wasser gehoben werden.

Hafenamt	Gelegentliche Kontrollgänge.
Wasser	An allen Stegen (Anmeldung im Büro). Duschen/WC etwas abseits in der Anlage (Hinweisschilder).
Treibstoff	An der Diesel-Tankstelle oder per Tankwagen (beim Tankstellen-Service bestellen).
Lebensmittel	Richtung Saronis-Hotel Seitenstraße mit Läden für Lebensmittel, Obst, Gemüse, Fleisch, Brot; Zeitungen (auch deutsche).
Restaurants	Café im Hafengelände nahe der Zufahrt, Restaurants jenseits der Hauptstraße.

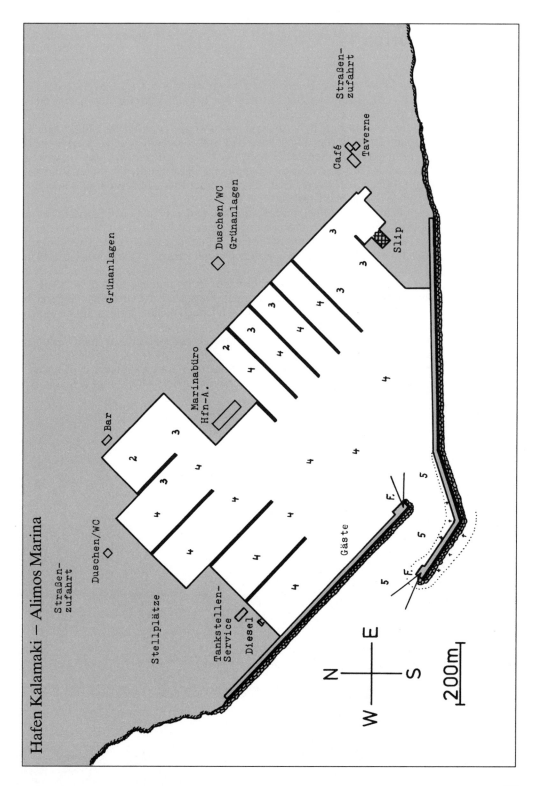

Glyphada Marina 4

Saronikos Kolpos, Attikaküste
37°52,3′N 023°44,2′E

Dieser kleine, sehr sichere Hafen wird wie die Marinas 1, 2 und 3 von der Gemeinde Glyphada verwaltet. Leider bietet er kaum Platz für Gäste, da er meist mit Dauerliegern voll belegt ist.

Bei der Ansteuerung ist Vorsicht geboten wegen der Geländeauffüllungen in diesem Gebiet sowie wegen eventuell unbeleuchteter, unmarkierter Steinschüttungen im Norden des Hafens. Die beste Ansteuerungshilfe von weitem sind bei Tag die startenden und landenden Flugzeuge; der Flughafen Ellinikon liegt nördlich des Hafens. Erst wenn man der Küste näherkommt, kann man die lange Südmole erkennen.

Nach Runden des Molenkopfes läuft man in den Hafen ein und macht, wenn Platz ist, im ersten Drittel an einer der Bojen und mit Leinen zum Kai fest. In der Regel weist der Hafenmeister einen Platz zu. Liegegebühren werden pauschal für eine Woche erhoben; gegebenenfalls kann man kurzfristig einen Platz erhalten.

Der innere Teil des Hafens ist sehr flach. Es ist geplant, zusätzliche Stege zu bauen und den Hafen auszubaggern. Die Stege sind im Plan bereits eingezeichnet – die derzeitigen Bauarbeiten lassen jedoch nicht erkennen, ob sie wie geplant ausgeführt werden.

Rings um das Hafenbecken gibt es Wasseranschlüsse, am Kai einen Yachtausrüster.

Einkaufsmöglichkeiten mit Bus oder Taxi in der Stadt Glyphada, ca. 2 km entfernt. Busse verkehren in kurzen Abständen in beide Richtungen. Starke Belästigung durch Fluglärm.

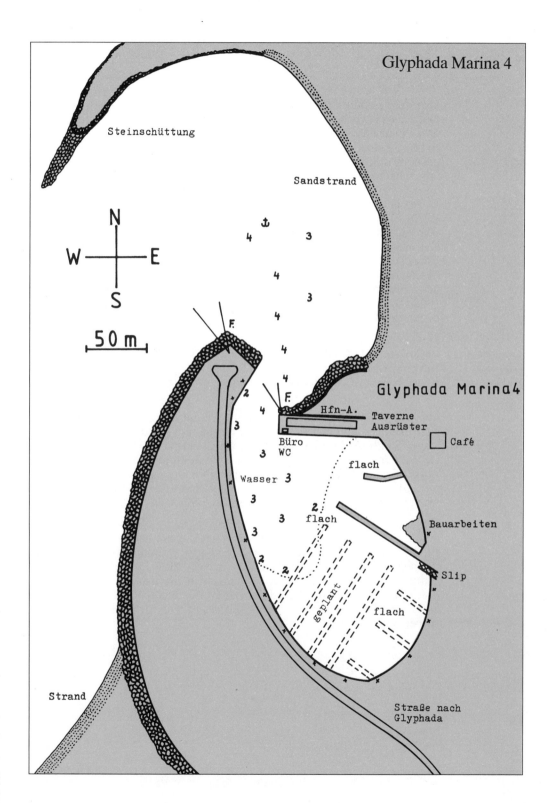

Glyphada Marina 3

Saronikos Kolpos, Attikaküste
37°51,9′ N 023°44,7′ E

Sehr gut geschützter Hafen, der aber ebenfalls von Dauerliegern besetzt ist. Doch auch die gehen im Sommer mal auf Tour, so daß man gelegentlich einen freien Platz findet.
Bei der Ansteuerung am Tage fällt schon von weitem die große Kirche mit Kuppel nordöstlich vom Hafen auf. Die Einfahrt ist mit zwei Feuern versehen und sehr schmal. Die Ostseite des Hafens ist flach, nur an der Westseite können Yachten an Bojen und mit Leinen zum Kai festmachen.
Wie in der Marina 4 werden auch hier die Liegegebühren pauschal für eine Woche erhoben. Es ist durchaus möglich, daß man durch geschicktes Verhandeln auch einen Platz für eine Nacht bekommt.
Die kleinen südlich der Marina 3 gelegenen Hafenbecken „Marina 2" und „Marina 1" eignen sich nur für flachgehende Boote und kommen wegen Überfüllung für Gäste nicht in Betracht. Möglicherweise werden später im Schutz des geplanten Wellenbrechers, der die drei Häfen gegen Westen schützen soll, Ankerplätze zum Ausweichen entstehen. In der nebenstehenden Skizze sind bereits die für die Zukunft geplanten Stege eingezeichnet.

Wasser/Treibstoff Direkt am Kai.
Lebensmittel Beste Auswahl im nahen Supermarkt und in vielen Geschäften in Glyphada.
Restaurants Ausgezeichnete Lokale in der Nähe.
Post/Telefon In der Nähe, ebenso Banken, Reinigung, Wäscherei. Busse in alle Richtungen.

Glyphada ist ein Fremdenverkehrszentrum mit ausgedehnten Hotelanlagen an der stark befahrenen Küstenstraße und bietet Vergnügungen aller Art. Die langen Sandstrände der sogenannten Apollonküste ziehen nicht nur Badegäste in großen Scharen an, auch andere Sportarten werden in modernen Anlagen gepflegt. Für Yachtfahrer sind die guten Versorgungsmöglichkeiten ein Anreiz, Glyphada anzulaufen. Die landenden und startenden Flugzeuge verursachen allerdings einen ohrenbetäubenden Lärm.

Der **Clubhafen Voula** („Navtikos Athlitikos Omilos Boulas"), etwa 1,5 sm nördlich von Ak. Kavouri, besteht schon seit langem. Die Boote der Clubmitglieder liegen sicher an Murings. Gäste können nicht mit einem freien Platz rechnen, doch wird einem kleinen Boot in einer Ausnahmesituation das Anlegen nicht verwehrt. Nahe dem Molenfeuer findet man 3 m Wassertiefe am Kai, zum Land hin wird es seichter. Es gibt Wasseranschlüsse, einen Slip und Stellplätze. Das Clubgelände wird gut bewacht. Die Küstenstraße führt dicht vorbei.

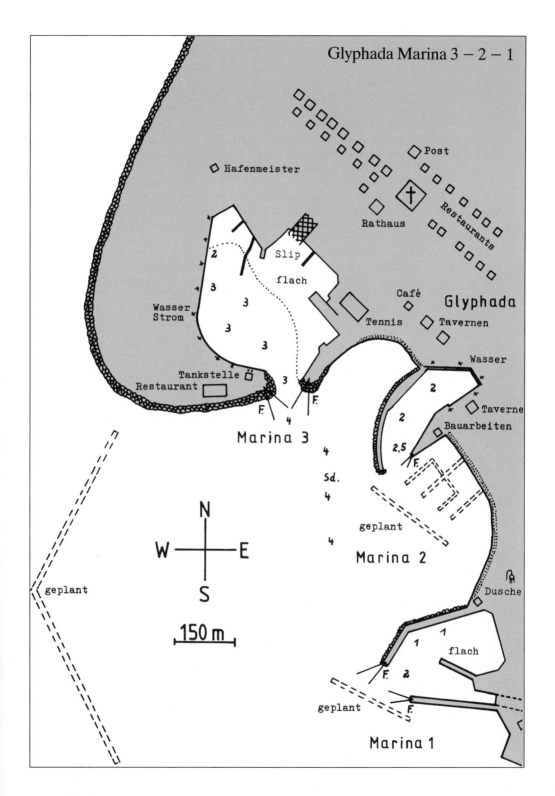

Marina Vouliagmeni

Saronikos Kolpos, Attikaküste
Port of Entry, 37°48,4′N 023°46,5′E

Diese im Ormos Vouliagmenis gelegene Marina der E.O.T. (Griechische Zentrale für Fremdenverkehr) bietet Schutz gegen Wind und Seegang aus allen Richtungen. Die Ansteuerung bereitet weder bei Tag noch bei Nacht Schwierigkeiten. Die Einfahrt ist durch mehrere Feuer gekennzeichnet.

Freilich ist auch Vouliagmeni, wie alle Marinas an der Attikaküste, zum größten Teil mit Dauerliegern belegt. Gelegentlich, wenn die eine oder andere Yacht unterwegs ist, kann man einen Liegeplatz für eine Nacht finden. Nach dem Einlaufen muß man auf das Hafenpersonal warten, das einen Platz zuweist und beim Anlegen behilflich ist. Eigenmächtiges An- und Ablegen ist verboten. Auch nachts darf man nur an den ausliegenden roten „Wartetonnen" festmachen, um auf die Zuweisung eines Platzes zu warten. Ankern ist wegen der schweren Muringketten untersagt.

Die Höhe der Liegegebühren ist je nach Jahreszeit unterschiedlich, im Vergleich zu anderen Yachthäfen außerordentlich. Grundsätzlich werden drei Tage berechnet, auch wenn man erst gegen Abend einläuft und am nächsten Morgen wieder ablegen will.

Hafenamt	Strenge Kontrolle der Schiffspapiere. An- und Abmeldung ist Pflicht (Crewliste in doppelter Ausfertigung wird mit Eingangs- und Ausgangsstempel versehen).
Wasser	Rings um den Hafen gibt es Wasseranschlüsse mit Zähler. Warmwasserduschen im Hafenamtsgebäude.
Treibstoff	Bei größeren Mengen an der Tankstelle bei der Hafeneinfahrt. Kleinere Mengen mit Kanistern vom Zapfhahn am Kai vor dem Hafenamt.
Lebensmittel	Ein kleiner Laden am Hafen, sonst im Ort Vouliagmeni (20 min Fußweg oder mit dem Taxi). Zu bestimmten Zeiten verkehrt ein Bus.
Restaurants	Ein teures Restaurant im Hafenamtsgebäude, eine Taverne auf halbem Weg nach Vouliagmeni beim Kiosk, der auch deutsche Zeitungen und Zeitschriften führt.
Post/Telefon	In der Marina-Verwaltung.

Die Marina Vouliagmeni eignet sich ausgezeichnet als Winterliegeplatz. Wenn man überhaupt eine Chance haben will, einen Platz zu bekommen, muß man sich frühzeitig anmelden.

Vom Ort Vouliagmeni verkehren regelmäßig Busse nach Piräus und Athen. Am Ortsausgang, umgeben von Pinien und senkrecht abfallenden Felsen, liegt ein kleiner, mineralhaltiger Süßwassersee: das Rheumaheilbad Vouliagmeni. Am Ufer des Sees kann man in stimmungsvoller Atmosphäre ausgezeichnet speisen.

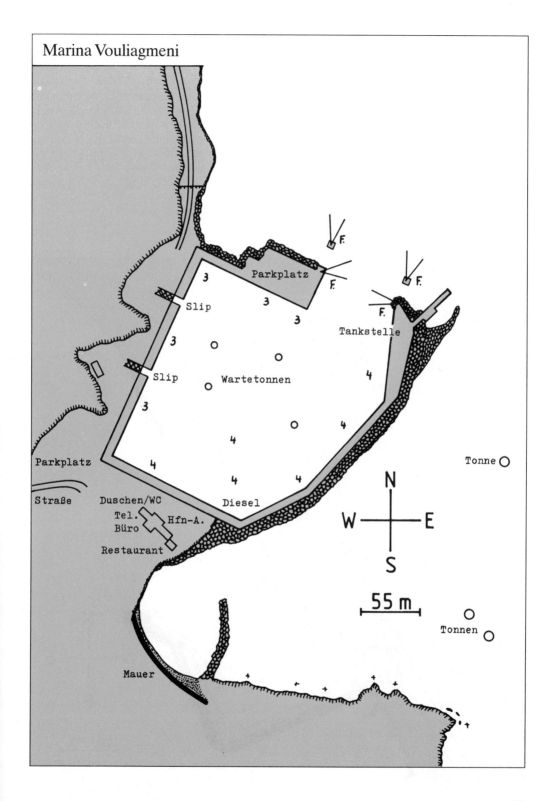

Hafen Varkiza

Ormos Varis, Saronikos Kolpos, Attikaküste
37°49,2′N 023°48,2′E

Vor dem lebhaften Ferienort Varkiza, direkt an der Küstenstraße, befindet sich ein kleiner Hafen, der hinter der Mole einigen Booten leidlich Schutz vor dem Meltemi bietet. Das befestigte Ufer nördlich davon ist dem Schwell ausgesetzt und neigt – wie die Hafeneinfahrt – zum Versanden. Zwar ist der Hafen mit einheimischen Booten belegt, doch dürfte nahe dem Molenkopf meist ein Platz zum Anlegen zu finden sein (auf Muringleinen achten). Bei starkem Ausflugsverkehr, besonders am Wochenende, ankern viele Boote auch außerhalb vor dem Strand.

Wasser am Kai, Tavernen Nähe Hafen, alles Weitere im Ort.

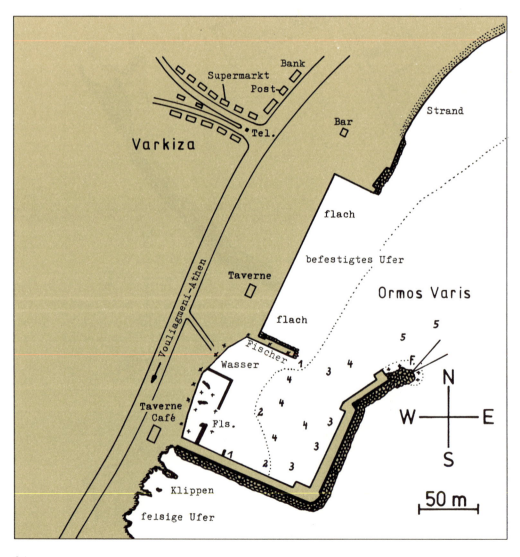

Hafen Lagonisi

Saronikos Kolpos, Attikaküste
37°47′N 023°53,2′E

Versteckt hinter der Halbinsel Ak. Thyniki liegt der kleine Sportboothafen Lagonisi, der zum Hotel Xenia gehört und deshalb Fremden nur einen stundenweisen Aufenthalt erlaubt.

Wegen der verankerten Bojen im inneren Teil des Hafens kann man nur am Kopf der Mole anlegen. Ankergrund Sand, mit Seegras bewachsen.

Außer einem Wasseranschluß (siehe Plan) sind keine Versorgungsmöglichkeiten in der Nähe gegeben.

An den Sandstrand schließt sich die gepflegte Bungalowanlage an, eine Disco befindet sich an der Wasserfront. Vor Jahren hielt hier ein Hafenpolizist Wache.

Im Hotel Xenia befindet sich ein Restaurant, am Ausgang an der Küstenstraße zwei Tankstellen.

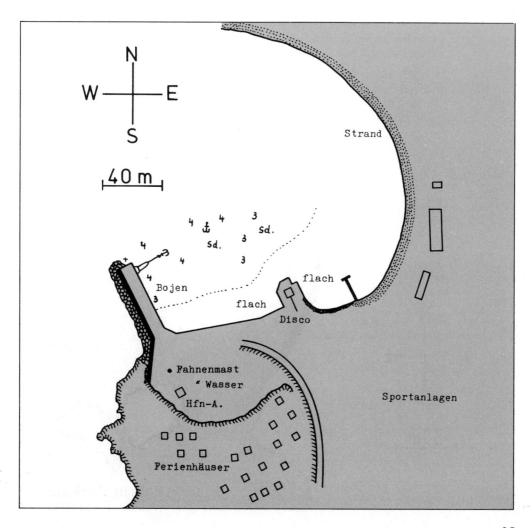

Hafen Palaia Phokaia

Ormos Anavyssou, Saronikos Kolpos, Attikaküste
37°43′N 023°56,6′E

Dieser kleine, voll belegte Fischerhafen auf der Ostseite des O. Anavyssou kann nur von flachgehenden Booten angelaufen werden, da die Wassertiefe zum Ufer hin schnell abnimmt. Die Annäherung sollte wegen der flachen Stellen westlich der Mole in großem Bogen von Norden her erfolgen. Besser liegt man weit nördlich frei vor Anker, ohne die Zufahrt zu behindern.

Hafenamt	Gelegentliche Kontrollen.
Wasser	Wasserhähne am Kai und an der Wurzel der Mole.
Treibstoff	Tankstelle weit entfernt.
Lebensmittel	Gute Auswahl in einigen Läden.
Restaurants	In Hafennähe.

Als weiterer Ankerplatz bietet sich im **Ormos Anavyssou** die Bucht südwestlich des Leuchtfeuers an. Der Ankergrund besteht aus Sand, teilweise auch kleineren Felsplatten. Die Wassertiefe von ca. 6 m nimmt zum Strand hin gleichmäßig ab. Im Scheitel der Bucht bilden aus dem Wasser ragende Felsplatten eine natürliche Mole, hinter der sich eine flache Lagune erstreckt. Zahlreiche Fischerboote liegen dort vor Anker.

Wählt man bei der Weiterfahrt in Richtung Kap Sounion die Durchfahrt zwischen dem Festland und der **Insel Gaidouroniso** (die übrigens an ihrer Nordseite einige brauchbare Ankerbuchten mit Sandgrund besitzt), so muß man auf plötzlich auftretende Fallböen aus wechselnden Richtungen gefaßt sein.

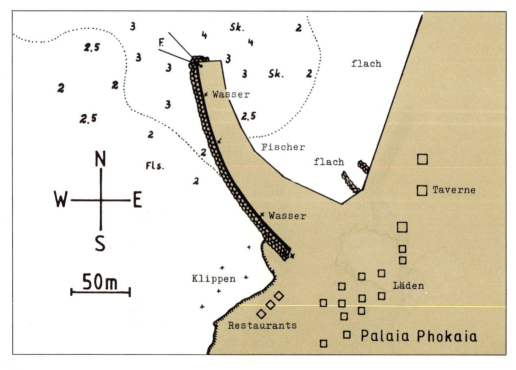

Limin Sounion

Saronikos Kolpos, Attikaküste
37°39,3′N 024°01,4′E

Gegen den Meltemi gut geschützte Bucht am Kap Sounion, dem südlichsten Zipfel der Attikaküste. Wohl jeder Sportbootfahrer geht hier — auf der Fahrt in die Ägäis oder von dort kommend — noch einmal vor Anker, um den weithin sichtbaren Poseidontempel (440 v. Chr. im dorischen Stil erbaut) zu besuchen und den weltweit gerühmten Sonnenuntergang zu erleben (Eintritt nur mit ausreichender Bekleidung).

Die Ansteuerung ist einfach, die Bucht frei von Untiefen bis auf die Felsen in unmittelbarer Nähe der Küste. Bei starkem Nordostwind kann das Kreuzen in die Bucht durch Fallböen erschwert werden. Der Ankergrund besteht aus Felsplatten mit etwas Sand darüber. Boote mit geringerem Tiefgang können näher an den Strand heranfahren, wo die Wassertiefe gleichmäßig abnimmt und der Grund den Anker besser hält. Sicherer ist es auf jeden Fall, für die Nacht oder für die Zeit der Abwesenheit einen zweiten Anker auszubringen. Beim Ankern ist der Schwojekreis der anderen Boote zu berücksichtigen.

Gute Tavernen am Strand, sonst keine Versorgungsmöglichkeiten.

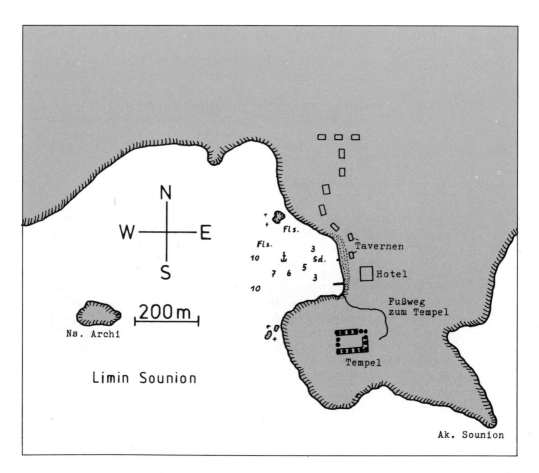

Ormos Gaidouromandra – Olympic Marina

Attikaküste Ost
37°41,8'N 024°03,7'E

Diese Bucht ist in mehrfacher Hinsicht für den Sportbootfahrer von Bedeutung: einmal wegen des freien Ankerplatzes im nördlichen Arm, dann wegen der Versorgungsmöglichkeiten am Kai der „Marina" und schließlich wegen der Firma OLYMPIC MARINE S.A., die im gesamten, dieses Buch umfassenden Gebiet die einzige auf Yachten eingestellte Werft mit einem Travellift ist.
Etwa 4 sm von Kap Sounion in nördlicher Richtung gelegen, schneidet Ormos Gaidouromandra so weit ins Land ein, daß man die Bucht als jederzeit gut geschützten Aufenthaltsort bezeichnen kann, wenn auch Schirokko erheblichen Schwell am Kai verursacht. Das Leuchtfeuer Ak. Phonias am südlich gelegenen Kap erleichtert die nächtliche Ansteuerung. Von Süden kommend, sind Yph. Passa und Yph. Makri zu beachten, die in der deutschen Seekarte Nr. 672 deutlich eingezeichnet sind.

Achtung — Bei Nacht muß man sehr vorsichtig einsteuern, da mitten in der Bucht ein Wrack dicht unter der Wasseroberfläche liegt, dessen seewärtiges Ende nur durch eine unbeleuchtete grüne Tonne markiert ist, die immer wieder mal abhanden kommt!

In der nördlichen Einbuchtung liegt man über Sandgrund mit Seegras gut geschützt vor Anker.
Die Bojenplätze gehören zur „Marina" der Werft und können nur auf Zuweisung benutzt werden; hier sind die von der Werft beaufsichtigten Dauerlieger vertäut.
Zum Anlegen am Kai vor der Werft bleiben nur wenige Plätze mit 4–5 m Wassertiefe. Das Personal weist den Platz am Kai zu (Muringleinen, kein Anker).

Wasser — Schlauchanschluß am Kai. Duschen/WC im Verwaltungsgebäude.
Treibstoff — Per Tankwagen.
Lebensmittel — Nur in Lavrion (1,5 km).
Restaurants — Taverne im Verwaltungsgebäude.
Post/Telefon — In Lavrion; Telefon auch im OLYMPIC-Büro.

Die OLYMPIC MARINE S.A., Lavrion/Attica/Greece, Telefon 0292/ 25782–84, Telex 215522 OLYA GR, bietet Dauerliegeplätze im Wasser (50 Plätze) und an Land (500 Plätze), teilweise in Hallen, an. Später soll zum vorhandenen 40-t-Travellift ein zweiter mit 150 t Tragfähigkeit hinzukommen. Stabile Untergestelle und ein Kran zum Mastenlegen sind vorhanden. Die Werft führt sämtliche Reparaturen und Wartungsarbeiten aus, z. B. an Rumpf und Motor, Elektrik, Batterien, Rettungsinsel, Dingi, Segel; übernimmt Reinigung, Neuanstriche und Pflege; ist neben der Fabrikation von GFK-Booten spezialisiert auf die Behandlung von Osmose-Schäden; schweißt Alu und V2A. Von der Werft durchzuführende Arbeiten müssen rechtzeitig angemeldet werden.

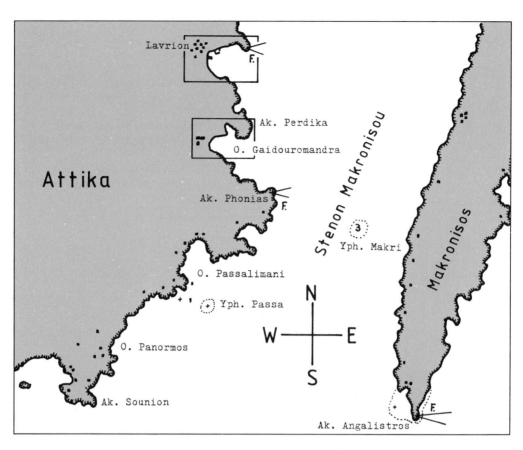

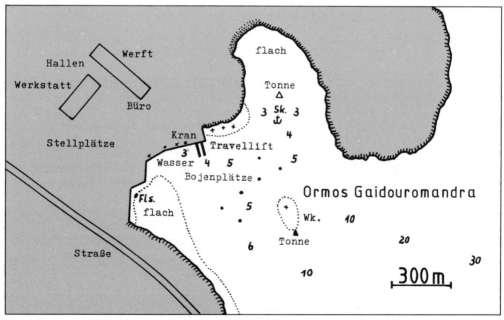

Hafen Lavrion

Ln. Lavriou, Attikaküste Ost
Port of Entry, 37°42,7'N 024°03,6'E

Dieser Industriehafen liegt in einer sehr offenen Bucht, so daß er nur leidlich Schutz bietet. Reflektierender Seegang macht sich bis zum hinteren Teil der Bucht hin unangenehm bemerkbar. Darüber hinaus verleiden Staub durch Ladearbeiten und Rauch von den umliegenden Fabriken den Aufenthalt.
Die Ansteuerung ist einfach. Die nördliche Einfahrtshuk, Ak. Ergastiria, ist befeuert.
Eine wesentliche Verbesserung für Yachten bietet das neu erbaute Becken im Norden des Hafens. Es hat überall ausreichende Wassertiefen. Die Fähren machen an der Außenseite der Mole fest.

Wasser	Direkt am Kai erhältlich, doch keine gute Qualität.
Treibstoff	Siehe Plan.
Lebensmittel	Gute Auswahl in der Stadt.
Restaurants	Nähe Hafen einfache Eßlokale.
Post/Telefon	In der Stadt.

Bus nach Athen. Fähren nach Kea und Kythnos.

Lavrion kann durch die Erzhalden in seiner Umgebung keinen Reiz auf den Besucher ausüben. Lediglich für die Versorgung ist der Hafen brauchbar. Über längere Zeit liegen Yachten unvergleichlich hübscher in der Obhut der „Marina" der OLYMPIC-Werft in der Bucht Gaidouromandra, 1,5 sm südlich von Lavrion (siehe Beschreibung und Plan auf den vorstehenden Seiten).

Ormos A. Nikolaou (ohne Plan), 3 sm nördlich von Lavrion, ist an zwei rotweiß quergestreiften Schornsteinen zu erkennen. Hier befindet sich ein Kraftwerk. Pieranlagen sind vorhanden. Für Yachten ohne Interesse.

Hafen Loutsa

Attikaküste Ost
37°58,5'N 024°00,8'E

Etwa 5 sm nördlich von Porto Raphti (siehe Seite 42) und 1,3 sm südwestlich der befeuerten Insel Kokkinonisia, die dem Kap Velani vorgelagert ist, liegt der sehr seichte Sportboot- und Kleinfischerhafen Loutsa. Die Klippe Vr. Kamia etwa 550 m vor der nach Nordosten offenen Hafeneinfahrt trägt ein schwaches Feuer.
Der Hafen ist nur für flachgehende Boote geeignet, denn die Wassertiefen liegen größtenteils unter 1 m. Wasseranschlüsse am Kai. In der Hauptstraße des vielbesuchten Touristenortes gute Einkaufsmöglichkeiten, Postamt.

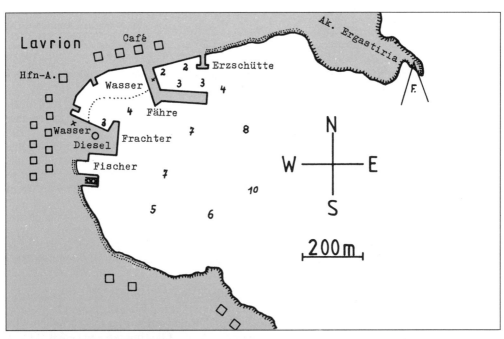
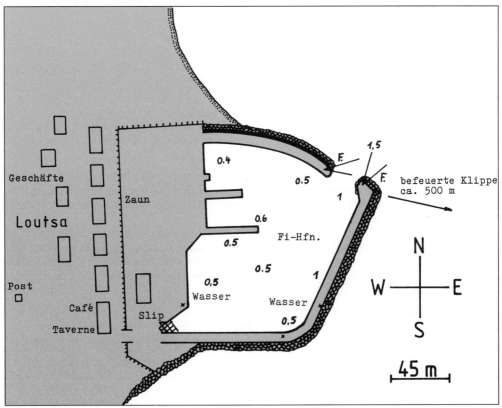

41

Porto Raphti

Ln. Mesogaias, Attikaküste Ost
37°53,3′N 024°00,8′E

Limin Mesogaias oder Porto Raphti ist eine weiträumige Bucht, die vor allen Winden und Seegang guten Schutz bietet.

In der Einfahrt der Bucht liegt die befeuerte Insel Raphtis, die von weitem an einem Marmortorso auf ihrer Spitze zu erkennen ist. Nordwestlich davon eine zweite, kleinere Insel, Ns. Raphtis Pulo.

Die Durchfahrt zwischen den Inseln und dem Festland sowie zwischen den beiden Inseln ist ohne Gefahr möglich. Südlich dieser Halbinsel liegt ebenfalls eine kleine Insel, hinter der Ankern auf beliebiger Wassertiefe möglich ist. Je nach Windrichtung kann auch im Süden oder im Nordwesten des Ln. Mesogaias geankert werden.

Der beste Ankerplatz bei Meltemi ist im Nordwesten. Hier muß man beim Ankern auf den Schwenkkreis der vor Muring liegenden Boote achten. Der Ankergrund hält sehr gut. Am kleinen Anleger kann man mit dem Beiboot landen; in der Nähe befinden sich Bäckerei, Supermarkt und Cafés. Häufige Busverbindung mit Athen.

Der **Hafen Porto Raphti** wird vor allem zum Laden von Kies beansprucht. Sportboote legen am besten an der kurzen Pier mit Buganker und Heckleinen an (siehe Plan) oder ankern in einigem Abstand davor. Der innere Teil des Hafens läuft flach aus. Er ist mit Kleinfischer- und Gleitbooten voll belegt. Ankergrund Schlick.

Wasser — Kein Anschluß am Kai, nur per Kanister von den Tavernen.
Treibstoff — Diesel-Station beim Fischereibedarfsladen; bequemer in Lavrion oder Raphina zu bekommen.
Lebensmittel — Im Ort Supermarkt und verschiedene Läden.
Restaurants — Tavernen am Hafen, weitere Lokale im Ort.
Telefon — OTE im Ort.

Der kleine Hafen in der Bucht südlich von Porto Raphti hat maximal 1 m Wassertiefe und ist höchstens für Gleitboote geeignet. Er trägt ein Molenlicht, es gibt einen Slip mit Seilwinde.

Porto Raphti ist ein beliebter Sommerferienort der Griechen. Auch die Bucht ist mit Hotels und Ferienhäusern umbaut. Limin Mesogaias liegt in einer lieblichen Landschaft, die sich ins hügelige Land hinein mit Feldern, Wein- und Olivengärten fortsetzt.

Das auf der vorgelagerten Insel Raphtis thronende kopflose Marmorstandbild stellt einen Schneider mit untergeschlagenen Beinen dar. Es soll aus der Römerzeit stammen und gab der Insel und dem Ort den Namen. Bereits vor der Zeitrechnung wurde die Bucht als sicherer Ankerplatz von den Athenern benutzt.

Hafen Loutsa siehe Seite 40.

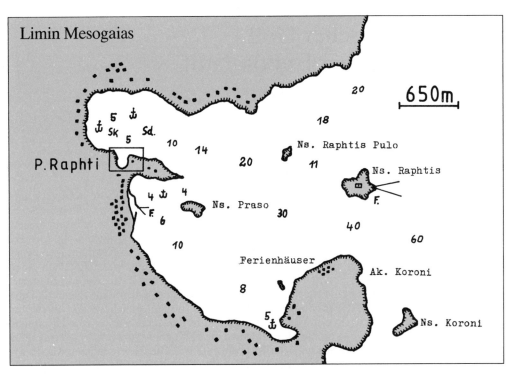

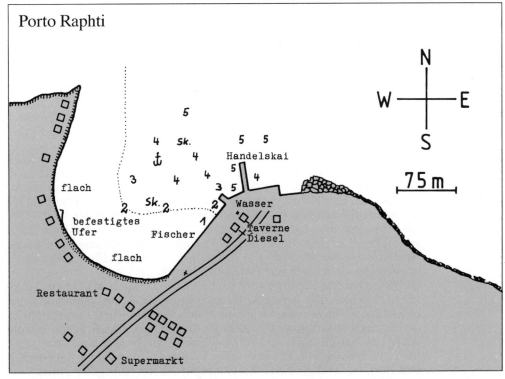

Petalischer Golf – Südlicher Euböa-Golf – Südteil Euböas

(Kolpos Petalion – Notios Evvoikos Kolpos – Evvoia)
Seekarten D 667, 669 und 670

Wie bereits erwähnt, wird die Route entlang der Attikaküste nordwärts und quer über den Kolpos Petalion empfohlen, wenn eine Crew in kleinen Schlägen und mit günstigerer Windrichtung die nördlichen Kykladeninseln ansteuern möchte. Für Yachtfahrer, die zu den nördlichen Sporaden wollen, ist die Fahrt durch den Golf von Euböa zwar zeitraubender, aber weitaus interessanter als das Kreuzen an der Ostküste Euböas entlang. Wer schließlich einen Urlaub ohne Seemeilenrekorde plant, dem sei das nachstehend erläuterte, von jeher etwas vernachlässigte Revier wärmstens anzuraten. Es hat den großen Vorteil, daß im Sommer meist nicht zu starke nördliche Winde herrschen, und selbst wenn der Meltemi zulegt, kann man schnell unter Land kommen, wo der Seegang mäßig ist, wenn auch die Fallböen herunterfegen. Die verhältnismäßig glatte See wird der Motorbootfahrer ebenso zu schätzen wissen wie der Segler, für den dann das Kreuzen zum Vergnügen wird.

Ist schon der Anblick der Festlandsküste Attikas (Attiki) und Böotiens (Viotia) eine Wohltat fürs Auge, so wäre noch mehr die landschaftliche Schönheit Euböas zu loben, obwohl der Südteil der Insel dem Norden etwas nachsteht, was die Höhe der Gebirge und die Vielfalt der Landschaftsformen angeht (höchster Gipfel Euböas Dirphys 1743 m, Oros Ochi im Süden 1397 m). Euböa, mit 3650 km^2 die zweitgrößte Insel Griechenlands (165000 Bewohner), hat in seinem Südwestteil durch die stark gegliederte Küste eine Unzahl reizvoller Ankermöglichkeiten. Aber auch an der Festlandsküste sind einige sehr brauchbare Anlaufplätze zu finden. Dabei sind in der folgenden Beschreibung nicht alle Buchten einzeln behandelt, so daß der Entdeckerlust keine Grenzen gesetzt sind.

Am Kap Avlidos endet der südliche Euböa-Golf. Im Verlauf der folgenden Strecke machen sich immer mehr Industrieanlagen breit, bis die Brücke von Chalkis die Weiterfahrt versperrt. Hier, an der engsten Stelle zwischen dem Festland und Euböa, breitet sich die moderne Stadt aus, Handelszentrum für die landwirtschaftlichen Erzeugnisse und die Bodenschätze der Insel. Über das Phänomen der Meerenge von Euripos (Stenon Evripou) mit ihren unterschiedlichen Gezeiten und Strömungen haben sich die Gelehrten bis zurück zu Aristoteles die Köpfe zerbrochen. Öffnung der Brücke und Durchfahrt durch den Kanal werden heute vom Hafenamt geregelt.

Über die Ostküste Euböas bis etwa zur Höhe von Chalkis ist nicht viel Positives zu berichten. Die harten Ägäiswinde haben die Küste schroff und unzugänglich gemacht, und wo eine Einbuchtung ein wenig Schutz verspricht, wird durch den meist auflandigen Seegang das Ankern ungemütlich. Selten wird die Wetterlage geeignet sein, auf gut Glück eine der Buchten zu besuchen.

Bei einer notwendigen Unterbrechung kann auf diesem Küstenabschnitt Ormos Petries als willkommener, bei Nordwind sicherer Ankerplatz gelten.

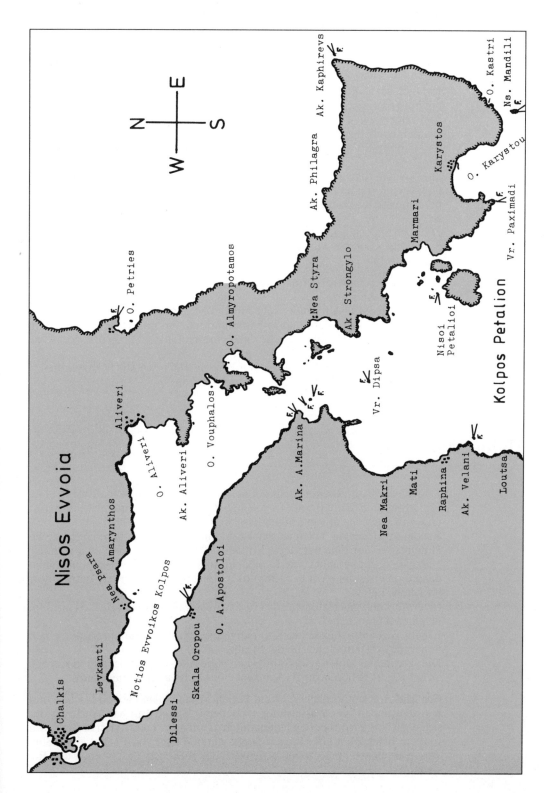

Hafen Raphina

Ln. Raphinas, Attikaküste Ost
38°01,4′N 024°00,7′E

Raphina hat als Fährhafen für Euböa und einige Ägäisinseln Bedeutung. Yachten müssen sich zwischen die großen Fischerboote am Nordkai drängen; hier sind ausreichende Wassertiefen anzutreffen. Nur dieser Platz ist bei nördlichen Winden leidlich geschützt. Bei Süd- bis Ostwinden steht Seegang in den Hafen. Fährschiffe verursachen Schwell. Außerdem neigt der Hafen zum Versanden.

Die Ansteuerung ist bei Tag und Nacht einfach. Nördlich außerhalb des Hafens ist eine Pier im Bau, die bereits von großen Fähren benutzt wird. Der Baubereich wird durch eine grüne Leuchttonne markiert, die seewärts zu runden ist.

Die nach Südosten gerichtete Mole, teilweise aus einem eingemauerten Wrack bestehend, trägt ein Molenlicht, das meistens nicht brennt. Auch hier legen Fähren an.

Hafenamt	Kontrolle der Papiere, geringe Hafengebühr.
Wasser	Anschluß siehe Plan.
Treibstoff	Tankstelle jenseits der Straße, auch mit Tankwagen.
Lebensmittel	Gute Versorgung in der Stadt in Supermärkten und zahlreichen Geschäften, am Hafen gute Auswahl an Fischen in mehreren Läden. Stangeneis dort zu erfragen.
Restaurants	Tavernen direkt am Hafen mit großem Angebot an Fisch und Schalentieren.
Post/Telefon	In der Stadt oberhalb des Hafens, ebenso Banken.

Busse nach Athen, Inselfähren.

Hafen Mati

Attikaküste Ost
38°03,5′N 023°59,9′E

2 sm nördlich von Raphina befindet sich der Sportboothafen Mati mit 154 Liegeplätzen für kleinere Boote. Er wurde 1982 vom Wassersportclub Mati erbaut und wird vorwiegend von Mitgliedern benutzt.

Bei der Ansteuerung fallen an der Küste und direkt hinter dem Hafen große Hotelbauten auf. Die befeuerte Einfahrt ist nach Süden offen, wodurch der Hafen sehr gut geschützt ist. Es können nur flachgehende Boote einlaufen, denn die Versandung vor der Einfahrt nimmt zu, die Wassertiefe beträgt dort höchstens 1,80 m.

Nach Auskunft des Hafenmeisters ist das Wasser im größeren Becken um 2 m, im kleinen um 1 m tief.

Es gibt Wasseranschlüsse am Kai, einen Slip, ein Restaurant im Hotel, einen Supermarkt 400 m südlich an der Straße.

Die verrotteten Molen etwas nördlicher, nahe einer weithin sichtbaren Kapelle an der Küste, gehören zur Badeanstalt eines Luftwaffen-Feriencamps.

Nea Makri, 2 sm nördlicher, ist ein Ferienort mit einem kleinen Fischer- und Sportboothafen, der Wassertiefen zwischen 0,50 und 1 m hat. Auch vor der sich nach Norden öffnenden Hafeneinfahrt (mit roter Laterne) ist es flach. Am rundum befestigten Ufer kragen Steine unter Wasser vor. Es gibt einen Slip, Wasseranschlüsse, ein Clubhaus; jenseits der Küstenstraße Tavernen und Restaurants.

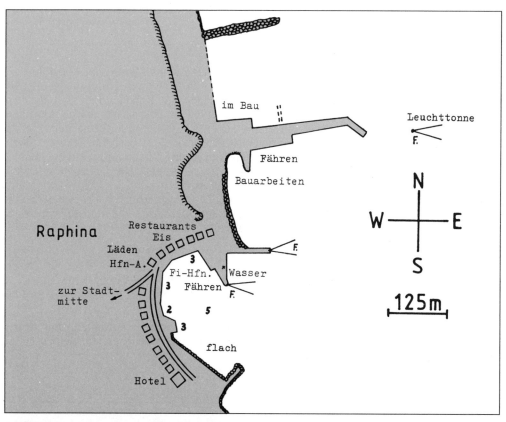
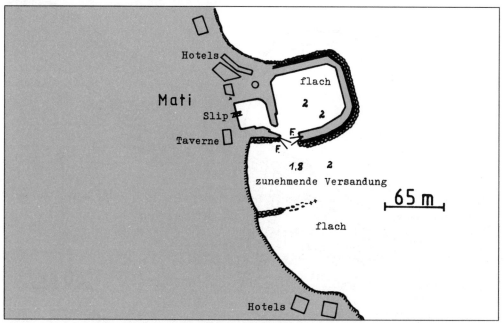

Hafen A. Apostoloi

Notios Evvoikos Kolpos, Festland
38°17,6′N 023°54′E

Kleiner, gut geschützter Fischerhafen im Westen des Ormos A. Apostoloi. Von Südosten kommend, steuert man am Tage das große Hotel an, das eher als die in der Seekarte eingezeichnete gleichnamige Kapelle (außerhalb des Detailplanes) auf der felsigen Huk zu erkennen ist. Erst nach dem Einschwenken auf die Kapelle zu ist der kleine Hafen an Backbord auszumachen. Nachts markiert ein Leuchtfeuer den Molenkopf. Viele neuerbaute Häuser bilden den Ort hinter dem Hafen. Tiefes Wasser reicht bis nahe vor die Hafeneinfahrt, im Hafenbecken nimmt die Wassertiefe auf 3 m ab. Das befestigte Ufer vor dem Ort hat zum Anlegen zu flaches Wasser.

Yachten können an der Innenseite der Mole festmachen, wo zwischen den Fischerbooten und Dauerliegern des Nautikclubs ein Platz frei ist. Beim Anlegen auf große Steine dicht am Kai achten.

Wasser	Anschlüsse am Kai (abgeschlossen). Brunnen am Strand.
Treibstoff	Tankstelle siehe Plan.
Lebensmittel	Supermärkte, Metzger, Bäckerei ebenfalls in der Hauptstraße.
Restaurants	Zahlreiche Restaurants, Tavernen und Pizzerias an der Wasserfront.
Post/Telefon	Im Ort Skala Oropou.

Wegen der schönen Strände und der guten Straßenverbindung mit Athen (49 km) hat sich der Ort zu einer auch an Wochenenden vielbesuchten Sommerfrische entwickelt.

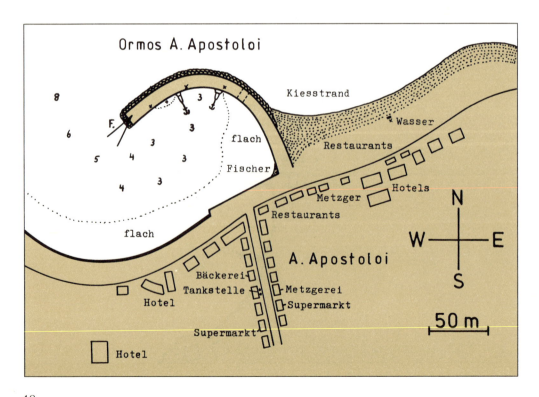

Anlegeplatz Skala Oropou

Notios Evvoikos Kolpos, Festland
38°19,2′N 023°47,3′E

Großer, lebhafter Ort mit einem befestigten Ufer, an dem die pausenlos verkehrenden Fähren von Euböa (Nea Psara/Eretria) anlegen.
Die Ansteuerung ist bei Tag und Nacht möglich. Das Leuchtfeuer Skala Oropos und die vielen Lichter des Ortes sind nachts von weitem zu sehen.
An dem 700 m langen Kai ist das Wasser 2–3 m tief, doch herrscht bei fast allen Windrichtungen und auch durch die Fähren starker Schwell. Bei südlichen Winden können Sportboote eventuell vor Buganker und mit Heckleinen anlegen. Andernfalls liegen sie sicherer dort, wo auch die vielen kleineren Fischerboote ankern. Skala Oropou ist kein gemütlicher Aufenthaltsort für Yachten, für die Treibstoffversorgung und Verpflegung aber brauchbar.

Treibstoff   Tankstelle Nähe Fähranleger.
Lebensmittel   Zahlreiche Geschäfte und Supermärkte am Hafen. Stangeneis erhältlich.
Restaurants   Viele Restaurants und Tavernen an der Wasserfront.
Post/Telefon   Siehe Plan.

Dilessi, 6 sm westlich von Skala Oropou gelegen, ist ein Clubhafen mit vier Stegen, an denen das Wasser knietief ist. Hinter der befeuerten Schutzmole liegen fast nur Kleinfischer- und Gleitboote. Wer den Hafen anläuft, muß vorsichtig loten. Die Wassertiefe ist mir unbekannt. – An der Straße eine Tankstelle, sonst keine Versorgungsmöglichkeiten.

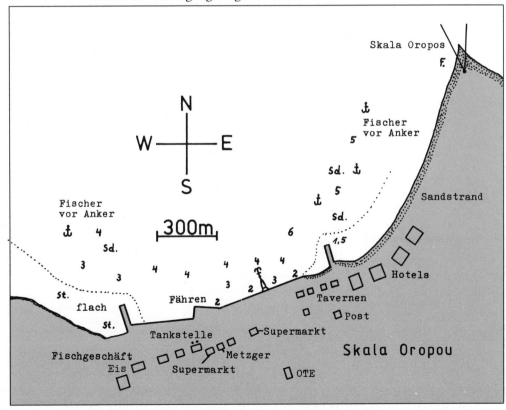

Hafen Chalkis 38°27,8′ N 023°35,4′ E

Wer die Reise in nördlicher Richtung über Chalkis hinaus fortsetzen will, kommt durch die Fahrwasser „Diavlos Avlidos" und „Diavlos Steno", die auf der ganzen Strecke gut markiert und befeuert sind und keine navigatorischen Schwierigkeiten bereiten.
Die Umgebung ist durch die umfangreichen Industrieanlagen nicht sehr einladend. Bereits hier können sich an den Engstellen Gezeitenströme bemerkbar machen. Sie entstehen an der Meerenge von Euripos (Stenon Evripou) durch unterschiedlichen Tidenhub südlich und nördlich der Brücke und können dort eine Geschwindigkeit bis 6 Knoten erreichen. Je nach Windstärke und Spring- oder Nippzeit verändern sich die Gezeiten, dazu kommen unregelmäßige Wasserstandsschwankungen bei Wind- und Luftdruckveränderungen. Eine Passage des Stenon Evripou erfordert also in jedem Fall außerordentliche Aufmerksamkeit.
Bei Zusammentreffen widriger Umstände kann es vorkommen, daß die Schiebebrücke von Chalkis aus Sicherheitsgründen für die Schiffahrt nicht geöffnet werden darf. Wegen des pausenlos flutenden Straßenverkehrs zwischen der Stadt Chalkis und dem Festland wird die Öffnung der Brücke meist in die Nachtstunden verlegt, und zwar in den Zeitraum, der für eine Durchfahrt am günstigsten ist. Außerdem müssen mindestens zwei Sportboote oder ein Frachtschiff auf Warteposition sein.
Da eine Durchfahrt nur nach vorheriger Anmeldung, Entrichtung einer geringen Gebühr sowie Vorlage der Schiffspapiere beim Hafenamt westlich der Brücke erfolgen kann, wobei dann der Zeitpunkt der Brückenöffnung zu erfahren ist, muß man also zunächst ankern bzw. anlegen. Signalgeben ist zwecklos, gegebenenfalls kann über Funk Kontakt gehalten werden.
Die Brücke wird in der Stillwasserzeit geöffnet, die Brückensignale zeigen die freigegebene Fahrtrichtung mit dem Strom an; sofort nach Änderung der Signale ist die Fahrtrichtung gesperrt, und die Gegenrichtung hat freie Fahrt bzw. die Brücke wird geschlossen. Da die Zeit der möglichen Durchfahrt knapp bemessen ist, müssen die angemeldeten Schiffe in Sicherheitsabstand vor der Brücke kreisen oder sofort ablegen. Über die Reihenfolge erkundige man sich beim Hafenamt.

Brückensignale (nach dem Anhang im Leuchtfeuerverzeichnis des BSH)

Tag	Nacht	Bedeutung
3 s. ○ skr.	**F. gn. F. F. r.** skr.	Brücke geschlossen
–	**F. r.** in der Mitte	Brücke nachts geschlossen
–	2 **F. gn.** an der W-, 2 **F. r.** an der O-Seite	Brücke geöffnet
s. ▽ △ ▽ skr.	**F. gn. F. F. gn.** skr.	Brücke geöffnet für S-gehende Handelsschiffe bei Stillwasser oder mitlaufendem Strom
s. ○ △ ○ skr.	**F. r. F. F. r.** skr.	Brücke geöffnet für N-gehende Handelsschiffe bei Stillwasser oder mitlaufendem Strom

(Fortsetzung übernächste Seite)

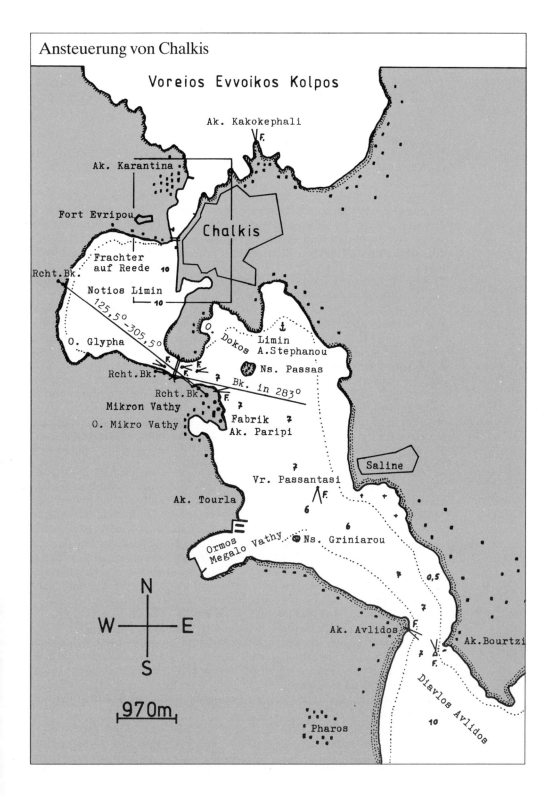

Liegeplätze für Yachten im **südlichen Hafen:**
1. Am Frachterkai längsseits. Dort ist die Versorgung mit Wasser und Treibstoff am bequemsten.
2. Falls Platz vorhanden, am Steg der Segelschule Chalkis im O. Vourkari (südöstlich vom Frachterkai) unter vorsichtiger Lotung der Wassertiefe (1,50−2m). Wasser- und Stromanschluß.
3. Ankern südlich des Bahnhofs.
Liegeplätze im **nördlichen Hafen:**
1. Längsseits am Kai vor der Grünanlage mit Denkmal auf der Euböa-Seite südlich der Pier, in deren Schutz das Lotsenboot liegt. Wassertiefe 3−4 m. Wasseranschluß.
2. Der Kopf der T-förmigen befeuerten Pier auf der Festlandseite ist für den „Flying Dolphin" bestimmt. Eventuell kann man kurzfristig anlegen, um zum nahen Hafenamt zu gehen. Unbedingt Spring ausbringen und gut fendern wegen des Stromes im Bereich der Pier und wegen des Schwells bei Nordwind; Tidenhub von ca. 80 cm beachten! An den Seiten kaum Festmachemöglichkeiten.
3. Zum Wasserbunkern kann man für kurze Zeit im **Fischerhafen** nordwestlich der Leuchttonnen anlegen. Hier ist auch Stangeneis erhältlich.
Wo immer man einen Liegeplatz findet, überall macht sich der laute Straßenverkehr bemerkbar. Zur Entlastung der Schiebebrücke wurde 1992 südlich des Hafens eine Hängebrücke mit einer lichten Höhe von 32 m über den Sund gebaut, die den Verkehr zwischen dem böotischen Festland und der Insel Euböa um den Stadtkern von Chalkis herumführen soll.
Die Auswahl an Restaurants und Cafés an der Promenade auf der Stadtseite ist sehr groß. In der Nähe befinden sich Post, OTE, Museum, Markt und in Nebenstraßen Geschäfte für jeden Bedarf.
Werften in Ln. A. Stephanou, Ormos Megalo Vathy und Ormiskos Vourkari; Kran für Trailerboote im Zollhafen. Häufige Busverbindung mit Athen, auch Eisenbahn. Fährverkehr mit dem Hydrofoil „Flying Dolphin" durch den Nördlichen Euböa-Golf und zu den Sporadeninseln.

Von der Siedlung aus dem Altertum ist in der Stadt Chalkis nichts zu finden. Bereits im 8. Jh. v. Chr. gegründet, war Chalkis neben Eretria ein blühender Stadtstaat mit vielen Handelsniederlassungen auf der Chalkidiki und den Sporaden. Im Archäologischen Museum, das seit Jahren im Umbau ist, werden Funde aus dieser Zeit aufbewahrt, darunter eine Giebelskulptur des Theseus mit der Amazone Antiope (Gipsabguß in Eretria). Bei einem Gang durch die Stadt trifft man ferner auf ein kleines Volkskundemuseum in der Nähe der ehemaligen Moschee. Die Kirche Agia Paraskevi, im gotischen Stil erbaut, geht auf die Venezianer zurück, die nach den Franken im Mittelalter Chalkis über zweihundert Jahre lang verwalteten, bis sie von den Türken abgelöst wurden.
Die Attraktion von Chalkis bleibt die Meerenge mit der Schiebebrücke, an der täglich viele Besucher die wechselnden Strömungen beobachten. Schließlich ist noch die Karababa-Festung (Fort Evripou) auf der Böotien-Seite zu erwähnen, die einen umfassenden Rundblick auf die Stadt, den Hafen und den Nördlichen Euböa-Golf ermöglicht.
Das Seerevier nördlich von Chalkis wird im Band „Häfen und Ankerplätze − Griechenland 4" beschrieben.

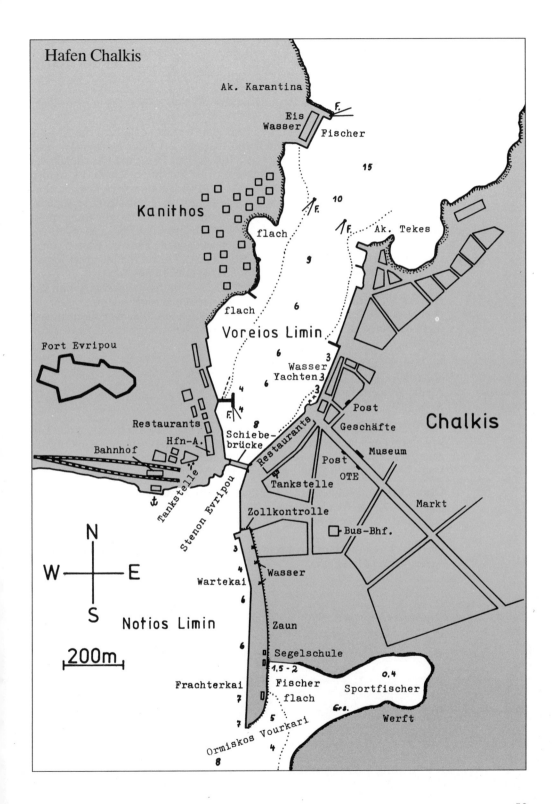

Hafen Nea Psara (Eretria)

Notios Evvoikos Kolpos, Euböa
38°23′N 023°47,8′E

Die Hafenbucht von Nea Psara (Eretria) auf Euböa bietet gegen nördliche Winde guten Schutz.

Bei der Ansteuerung muß sorgfältig navigiert werden, da zahlreiche Klippen und kleine Inseln vor der Küste liegen und weit ins Meer reichen. Die Einsteuerung sollte nur von Südwesten erfolgen. Das Feuer auf der südlich der versunkenen Mole gelegenen Klippe weist bei Nacht innerhalb des weißen Sektors sicher den Weg in die Bucht. Am Tage sind schon von weitem die Häuser von Eretria zu erkennen. Außerdem zeigen die ständig zum gegenüberliegenden Festland (Skala Oropou) verkehrenden Fähren die Richtung an.

Yachten mit weniger als 2 m Tiefgang können entweder längsseits oder, vor Buganker liegend, mit langen Heckleinen an die neue Mole im Westen gehen (bei seitlichem Wind notfalls Spring ausbringen). Die nach Süden verlängerte Mole hat Festmachemöglichkeiten für Fähren in Warteposition.

Am besten ankert man frei schwojend je nach Windrichtung entweder im Westen der Bucht mit genügend Abstand vor der neuen Mole oder im Osten vor dem Strand auf beliebiger Wassertiefe. Hier behindert man die Fähren am wenigsten. Durch den pausenlosen Fährverkehr liegt man tagsüber etwas unruhig.

Wasser/Treibstoff	Nur umständlich per Kanister zu beschaffen.
Lebensmittel	Supermärkte und Läden im Ort.
Restaurants	An der Wasserfront und im Ort.
Post/Telefon	Siehe Plan.

Nea Psara wurde von Inselgriechen gegründet, die 1824 von Psara vor den Türken hierher geflohen waren. Heute wird der Ort Eretria genannt. Am Ortsausgang ein kleines Museum mit Funden der antiken Siedlungen Eretria und Levkanti. Daneben die Ausgrabungsstätte Eretria mit Theater.

Ormos Levkanti (ohne Plan), 6 sm nordwestlich von Nea Psara gelegen, hat eine Pier mit ca. 6 m Wassertiefe, die vorwiegend zum Laden von Holz aus dem nahen Sägewerk benutzt wird. Bei auflandigem Wind starkem Schwell ausgesetzt.

Die östliche Einbuchtung hat sehr tiefes Wasser bis nahe ans Ufer, so daß der Anker schwer Halt findet.

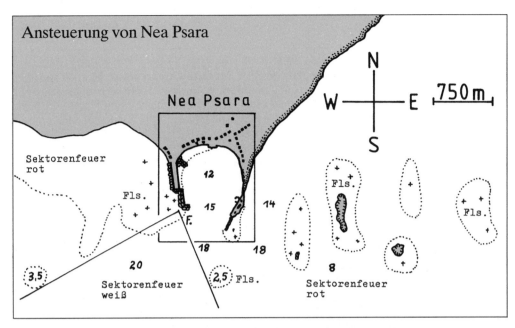

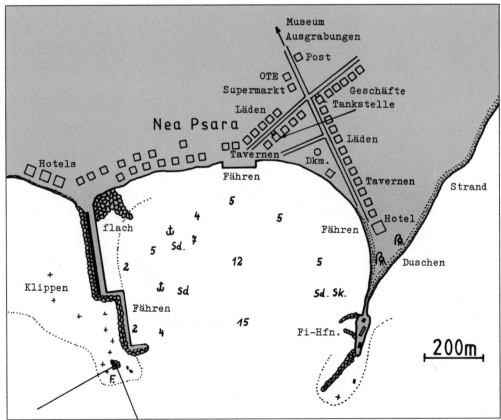

Hafen Amarynthos

Notios Evvoikos Kolpos, Euböa
38°23,2′N 023°53,8′E

Sehr kleiner Fischerhafen westlich des Ortes Amarynthos. Bei der Ansteuerung ist am Tage der Ort gut auszumachen, auch die Mole kann man rechtzeitig erkennen. Nachts sollte man ohne Ortskenntnis nicht einlaufen, da die Mole nicht befeuert ist, sondern nur durch einige Laternen beleuchtet wird.

Bei östlichen Winden steht grober Seegang vor dem Hafen; da die Wassertiefe hier um 4 m beträgt und der Raum zum Manövrieren im Hafen begrenzt ist, muß dann von einem Einlaufen abgeraten werden. Bei günstigen Windverhältnissen kann man versuchen, zwischen den Fischerbooten, die teilweise an Murings liegen, auf gut haltendem Schlickgrund zu ankern. Vielleicht findet sich auch ein Platz zum Anlegen am Kai in der Nähe des Molenkopfes, wo die Wassertiefe 3 m beträgt.

Wasser	Am Kai.
Treibstoff	Tankstelle ca. 500 m entfernt.
Lebensmittel	Viele Läden mit Lebensmitteln, Obst, Fisch (auch Stangeneis) im Ort (10 min Fußweg).
Restaurants	Taverne am Hafen; reiche Auswahl an Fischlokalen (Langusten, Garnelen) entlang der Promenade im Ort.
Post/Telefon	Ebenfalls im Ort.

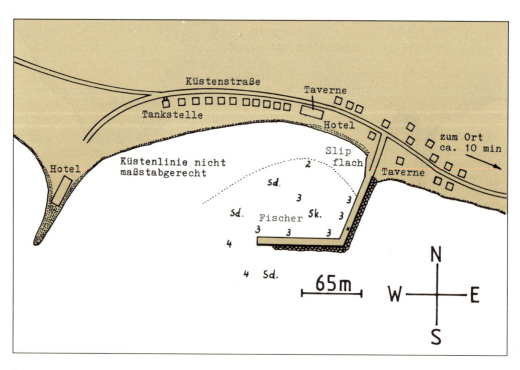

Hafen Aliveri

Notios Evvoikos Kolpos, Euböa
38°23,5′N 024°02,6′E

Daß die große Bucht Ormos Aliveri gegen alle Winde und Seegang guten Schutz bietet, lassen schon die zahlreichen, teilweise im Päckchen auf Reede liegenden Frachter vermuten. Die in der Seekarte ersichtlichen Feuer und Hafenanlagen gehören größtenteils zu ausgedehnten Fabriken, die den Sportbootfahrer nicht interessieren. Trotz des Werksgeländes im Nordosten der Bucht ist der Hafen Aliveri für Yachten ein angenehmer Platz zur Übernachtung und Versorgung.

Die Ansteuerung ist sowohl bei Tag als auch bei Nacht denkbar einfach. Am Tag sind die beiden Schornsteine von weitem zu sehen. Nachts sind beide Wellenbrecher befeuert, außerdem erstrahlt die Fabrikanlage in hellem Licht. Tiefes Wasser reicht bis vor den Hafen, der durch einen in West-Ost-Richtung verlaufenden Wellenbrecher geschützt wird.

Yachten können je nach Windrichtung an der Innenseite des Wellenbrechers oder am Kai im Norden vor dem Ort anlegen. Die Festmachemöglichkeiten sind allerdings äußerst begrenzt (Detailplan siehe Seite 58).

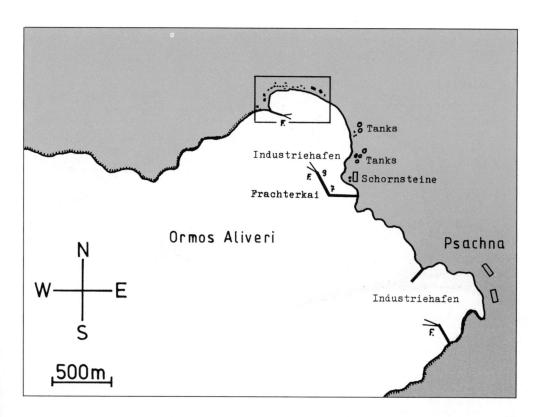

Hafenamt	Geringe Gebühr.
Wasser	Am Nordkai und an der Wurzel der Mole, weitere Anschlüsse in Vorbereitung.
Treibstoff	Tankstelle im Hauptort Aliverion (ca. 2 km).
Lebensmittel	Ein kleines Lebensmittelgeschäft, Metzger, Bäcker, Gemüse- und Obstladen. Stangeneis per Taxi von der 2 km entfernten Eisfabrik.
Restaurants	Tavernen am Hafen.
Post/Telefon	Im Hauptort; Telefon auch am Kiosk (siehe Plan).

Die Bucht 2 sm nordöstlich von Ak. Aliveri, in der deutschen Seekarte mit großen Wassertiefen angegeben, hat in ihrem Scheitel im Schutz eines felsigen Vorsprungs einen gut brauchbaren Ankerplatz mit sandigem Grund und einer Wassertiefe um 5 m, allerdings schnell abnehmend. Landmarke sind acht Tamarisken am Sand-Kies-Strand. Die Annäherung kann bei Ostwind schwierig sein, doch unter Land glätten sich die Wellen. – Zum Übernachten gut geeignet.

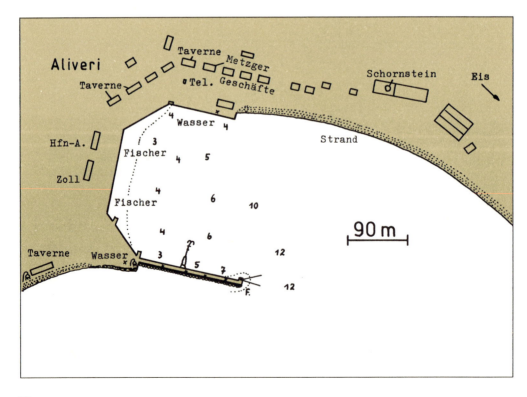

Porto Vouphalo

Notios Evvoikos Kolpos, Euböa
38°18′N 024°07,2′E

Tief nach Nordosten einschneidende Bucht im Ormos Vouphalos, die hinter der weit vorspringenden Landzunge an Steuerbord ausgezeichneten Schutz gegen Winde und Seegang aus allen Richtungen bietet. Selbst bei Südwind werden nur kleine Wellen aufgeworfen.

Bei Tag ist bei der Ansteuerung eine in kubischer Form erbaute weiße Kapelle auf der Wurzel der Landzunge schon von weitem zu sehen. Nachts dürfte wegen fehlender Lichter an Land das Anlaufen schwierig sein.

Yachten ankern inmitten der Bucht auf 5–8 m Wassertiefe. Der Grund aus dichtem Seegras hält nicht immer gleich. Starke Fallböen kommen aus wechselnden Richtungen über die hohen Berge.

Um die Anleger vor den Häusern im Osten der Bucht ist das Wasser sehr seicht.

Zwei bescheidene Tavernen mit Fischgerichten (auch Telefon), ein Café (nicht immer geöffnet).

Eine friedliche Umgebung mit Getreidefeldern, Olivenbäumen, Wolfsmilchsträuchern.

Kaum 2 sm nordwestlich auf 38°19,2′N 024°05,1′E, östlich von Ak. Kamari, ein kleiner Einschnitt mit einem Kiesstrand im nordwestlichen Zipfel, vor dem Felsplatten liegen. Ankergrund auf 4–5 m feiner Sand. Auffallend die mit Steinen eingesäumten Olivenbäume. Außerdem Feigenbäume, Wolfsmilch und viele Bienen. Unbebaut und abgelegen.

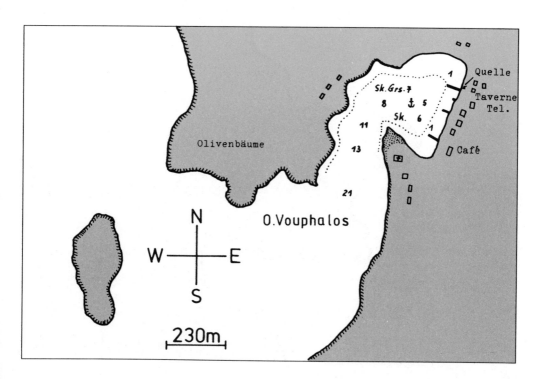

Ankerbuchten im Ormos Vouphalos

1 sm von Porto Vouphalo entfernt liegt in südlicher Richtung eine Bucht mit drei Einschnitten, in denen man sehr gut ankern kann. Ankergrund gut haltender Mud. Einige Felder am Berghang. Keine Bebauung, keine Versorgungsmöglichkeit, aber herrliche Ruhe.

Ebenfalls klares Wasser, aber einen verschmutzten Strand aus Sand und Kies hat die nächste Bucht in südlicher Richtung, die sich nach Südwesten öffnet. Auch hier ist der Ankergrund Mud. Am linken Ufer dichtes Gebüsch, im Scheitel ein kleines Haus, hinter Bäumen versteckt — Einsamkeit.

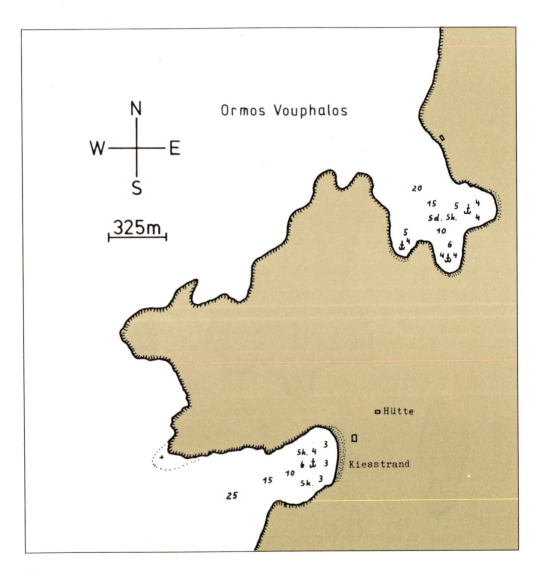

Ormos Almyropotamos

Notios Evvoikos Kolpos, Euböa
38°16,7′N 024°08,3′E

Die hinter der Insel Kavaliani nach Nordosten einschneidende Bucht bietet nur in ihrem Nordwestarm, vorbei an der kleinen Insel, einen sicheren Ankerplatz. Die Wassertiefe nimmt zum Ufer hin gleichmäßig ab. Der Ankergrund ist Sand und Schlick mit kleinen Steinen und hält sehr gut.

Der Ankerplatz ist von hohen Hängen mit Olivenbäumen und Hartlaubgewächsen umgeben. Ein paar Häuser an der Nordflanke der Bucht, einige Fischerboote. Große Ruhe.

Vor dem kleinen Ort **Panagia** im Osten des Ormos Almyropotamos, wo ein Bach ins Meer mündet, befinden sich eine Pier für die täglich nach A. Marina (Attika) verkehrende Autofähre sowie zwei Anleger für Fischerboote. Will man vor dem östlichen Ufer ankern, beachte man, daß wegen der großen Wassertiefe der Halt des Ankers ungewiß ist. Vor Seegang liegt man hier gut geschützt. An der Wasserfront mehrere Tavernen, ein Supermarkt, Telefon.

Ein Einschnitt an der Südwestseite der Einfahrt in den Ormos Almyropotamos auf 38°15,2′N 024°07,1′E (außerhalb des Plans) bietet ebenfalls eine gute Ankermöglichkeit. Da der Grund schnell auf größere Tiefe abfällt, ist es angebracht, bei ablandigem Wind eine Landfeste zu den Steinen am Ufer auszubringen. Der Ankergrund besteht aus Sand und Mud.

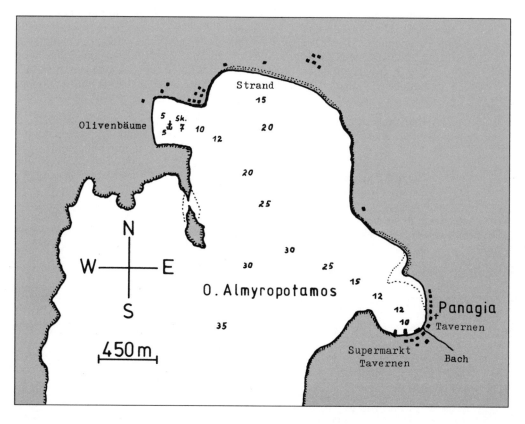

Ankerplätze um Nisis Styra – Kolpos Petalion

Zwischen dem Festland und Euböa, wo der südliche Euböa-Golf und der Petalische Golf zusammentreffen, liegt eine Anzahl von Inseln, von denen Nisis Styra die größte ist. Ihr sind noch Eilande vorgelagert, in deren Schutz es einige gut brauchbare Ankerplätze gibt. Zwei davon sollen nachstehend beschrieben werden.

Achtung Nach vorliegenden Berichten soll sich das militärische Übungsgebiet von Ormos Marathonos und Ormos A. Marinas (Festland) bis zur Insel Styra erstrecken. Bei den nachfolgend erwähnten Ankerplätzen konnte ich keinerlei Beschränkungen feststellen. Möglicherweise ist das Sperrgebiet inzwischen aufgehoben worden. Vorsichtshalber sei jedoch auf die Möglichkeit militärischer Übungen hingewiesen.

Nordbucht Ns. Styra 38°10,8′N 024°10′E
Bei südlichen Winden sehr gut geschützte Bucht. Die Einsteuerung zwischen der gegenüber der Einfahrt liegenden Felsinsel und Ns. Styra ist ohne Gefahr, auch die Bucht selbst hat keine Untiefen. Erst etwa 50 m vor dem Scheitel reicht eine Felsbank vom westlichen Ufer aus in die Bucht. Sonst tiefes Wasser bis zu den Rändern. Zum Ufer hin wird der Grund steinig, bei 4–5 m Wassertiefe besteht er aus hartem Sand mit Seegrasbänken dazwischen.

Ankerplatz bei Ns. Petousi 38°09,5′N 024°09,8′E
Sehr schöner Ankerplatz mit klarem, sauberem Wasser in einsamer Umgebung. Die Ansteuerung von Süden ist einfach, da tiefes Wasser bis dicht an die Ufer reicht. An der schmalsten Stelle der Insel Petousi steigt der Grund auf brauchbare Ankertiefe an. Ankergrund auf 4–6 m Wassertiefe Sand, Mud und Steine. Auch bei starken nördlichen Winden und Seegang liegt man hier bestens geschützt. Eventuell Leinen zum felsigen Ufer ausbringen. – Schönes Schnorchelrevier.

Zwei Ankerbuchten im Ormos Styron befinden sich auf ≈ 38°09′N 024°12′E (ohne Plan). Sie geben bei südlichen Winden guten Schutz. Zum Scheitel hin gleichmäßig abnehmende Wassertiefen. Man ankert auf beliebiger Tiefe, Grund Sand. Notfalls Landfesten ausbringen, da starke Fallböen über die Berge kommen können. – Bei auflandigem Wind wechsle man in eine der Buchten östlich von Ak. Strongylo (siehe Seite 65).

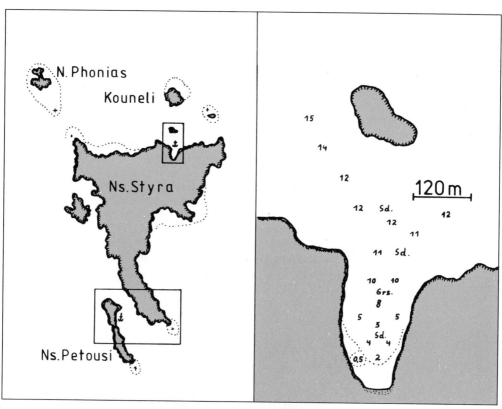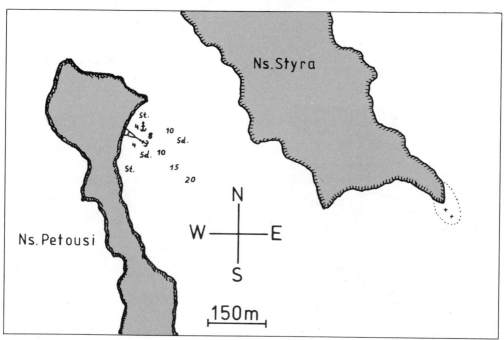

Anlegeplatz Nea Styra

Ormos Styron, Kolpos Petalion, Euböa
38°10,9′N 024°12,3′E

Ferienort, der durch Fähren mit Ormos A. Marinas auf dem gegenüberliegenden Festland verbunden ist. Bei der Ansteuerung sind die Häuser schon von weitem zu erkennen.

Die Fähren legen nördlich der ca. 50 m langen Pier an. Yachten können an der Südseite, und zwar im ersten Drittel, mit Buganker und Heckleinen festmachen. Längsseitsliegen ist nicht zu empfehlen, da bei Wind starker Schwell um die Pier steht. Überhaupt sollte man nur bei ruhigem Wetter oder ablandigem Wind anlegen, um Einkäufe zu machen. Freies Ankern ist vorzuziehen.

Für die Nacht sollte man sich eine ruhige Bucht suchen oder den **Fischerhafen** anlaufen, der etwa 600 m südlich von Nea Styra liegt. Die niedrigen Wellenbrecher sind befeuert. Wassertiefe um 3 m. Nur die Ostseite ist zum Kai ausgebaut und hat Festmachebügel. Ein Wasserhahn an der Mauer.

In Nea Styra gibt es Restaurants, Supermärkte und andere Läden, eine Poststelle, Telefon (Saisonbetrieb). Zwei Tankstellen außerhalb des Ortes in Richtung Styra (ca. 1 km).

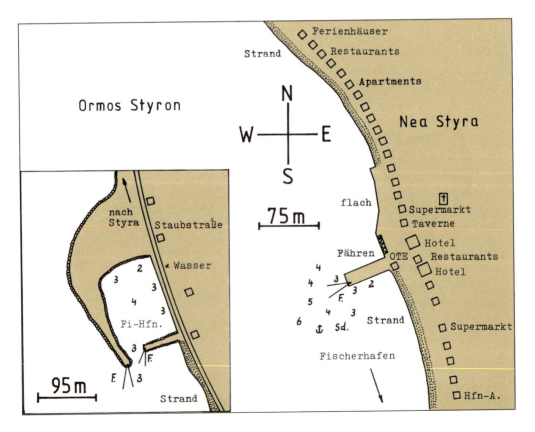

Ankerbuchten bei Ak. Strongylo

Kolpos Petalion, Euböa
38°07,7′N 024°12′E

Nur 1 sm östlich von Ak. Strongylo schneiden zwei Buchten nach Norden ins Land ein, die sich gut zum Ausweichen eignen, wenn die Ankerplätze im Ormos Styron bei Nordwind unsicher werden. Bei Südwind dagegen kann man schnell um das Kap Strongylo nach Norden wechseln.

Die Ansteuerung ist gefahrlos, da tiefes Wasser bis dicht an die Ufer reicht. Während die östliche der beiden Buchten rasch flacher wird, kann man in die westliche weiter hineinfahren, denn die Wassertiefe nimmt erst im letzten Drittel ab.

Bei nördlichen Winden liegt man hier gut und sicher. Umlaufende Restdünung ist kaum zu bemerken. In beiden Buchten ist der Ankergrund sehr gut haltender Sand, zum Ufer hin wird er steinig und felsig.

Vor dem Sandstrand im Osten gibt es für einen kürzeren Aufenthalt ebenfalls guten Ankergrund aus Sand. Ein Zeltplatz ist in der Nähe, einige Neubauten hinter dem Strand.

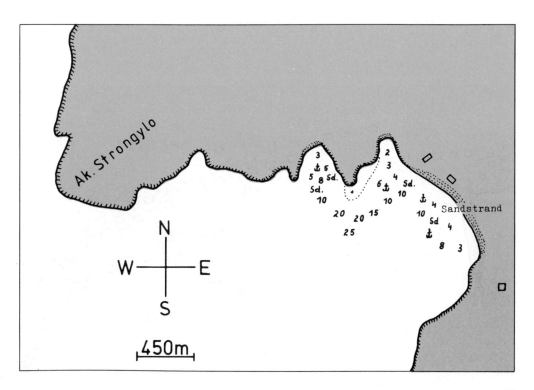

Hafen Marmari

Kolpos Petalion, Euböa
38°03,1′N 024°19,1′E

Sehr stimmungsvoller Fischerhafen an der Ostseite des Ormos Marmari. Die Ansteuerung von Norden ist bei Tag einfach; von Süden oder Westen kommend sind die Untiefen nach der Seekarte D 670 genau zu beachten. In der Durchfahrt zwischen Ns. Xero und Euböa, im Stenon Xero, muß auch bei sonst leichten nördlichen Winden mit Fallböen gerechnet werden, die über die Bucht Ormos Marmari hinweg bis dicht vor den Hafen anhalten. Bei Tage fällt ein mehrstöckiger Wohnblock als erstes ins Auge. Nachts ist bei der Ansteuerung Vorsicht geboten; das rote Blitzfeuer auf dem Molenkopf hat nur eine Reichweite von 2 sm. Es steht nicht auf dem äußersten Ende der Mole!

Der Hafen wird durch eine etwa 75 m lange Mole geschützt. Die Innenseite der Mole bis zum Kai wird von der mehrmals täglich verkehrenden Fähre aus Raphina beansprucht. Yachten können kurzzeitig zum Wasserbunkern anlegen, wobei die 2-m-Stelle zu beachten ist.

Einen weiteren Anlegeplatz mit Anker und Leinen bietet die Stirnseite der Pier vor dem Ort. Es sind nur zwei Poller vorhanden. Bei Platzmangel kann man sehr gut im Hafen zwischen den vor Muring liegenden Fischerbooten ankern. Ankergrund Schlick, grober Sand und Steine.

Hafenamt	Gelegentliche Kontrolle.
Wasser	Bestes Trinkwasser; an der Pier langer Schlauch notwendig. Am Fähranleger Wasserhahn hinter der Molenmauer.
Treibstoff	Tankstelle beim Hafenamt (Diesel, Super, kein Normalbenzin).
Lebensmittel	Mehrere Läden. Stangeneis beim Fischhändler.
Restaurants	Tavernen am Hafen (Langusten), Gartenlokale außerhalb am Strand entlang.
Post/Telefon	Post in einer Querstraße Nähe Hafen. Telefon am Kiosk.

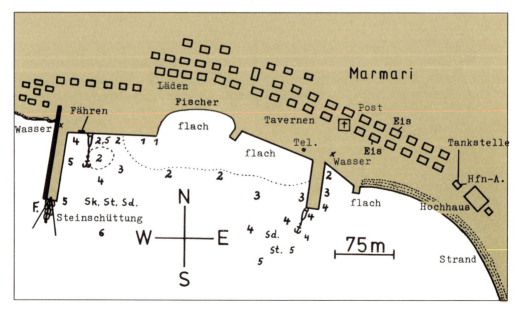

Für Badeausflüge in der Umgebung von Marmari steht eine Anzahl von Ankerplätzen zur Auswahl, z. B. bei den Petalischen Inseln, die auf der nächsten Seite abgebildet sind, oder nördlich von Marmari bei der kleinen Insel Elaphi.

Die **Ankerbucht** auf 38°05,8'N 024°14,8'E, etwa 4,5 sm nordwestlich von Marmari und 1,7 sm östlich der Insel Elaphi gelegen, eignet sich bei ruhigem Wetter ebenfalls gut für einen Badeaufenthalt. Einige Häuser und der weite Sandstrand sind von weitem klar zu erkennen. Bei Nordwind kommen starke Fallböen über die Berge, die die Fahrt, aus südlicher Richtung kommend, mühsam machen. Der Wind hält bis dicht an den Sandstrand in voller Stärke an und wirft im südwestlichen Teil der Bucht Schwell auf, so daß man dann nur im Nordosten nahe dem Strand ankern kann. Reichlich Kette oder ein zweiter Anker wird notwendig sein. Ankergrund auf 3−4 m Wassertiefe ist feiner Sand. Keine Versorgungsmöglichkeit.

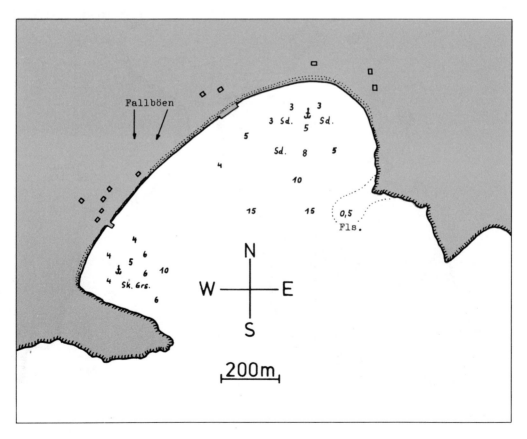

Inselgruppe Noi. Petalioi

Kolpos Petalion

Diese Inselgruppe, südwestlich von Marmari gelegen, bietet einige sehr sichere Ankerplätze in lieblicher Umgebung.

Stenon Xero mit mindestens 7 m Wassertiefe gilt als Hauptdurchfahrt. Zwischen Xero und Megalo ist eine Passage wegen des unreinen Grundes nicht zu empfehlen.

Auf Untiefen und flaches Wasser um die einzelnen Inseln ist zu achten. Man kann auf beliebiger Wassertiefe in den vielen Einbuchtungen ankern. Ankergrund gut haltender feiner Sand. Die privaten Kaianlagen der Sommerhäuser und Villen dürfen nicht benutzt werden.

Für Badeaufenthalte und auch zur Übernachtung bestens geeignet.

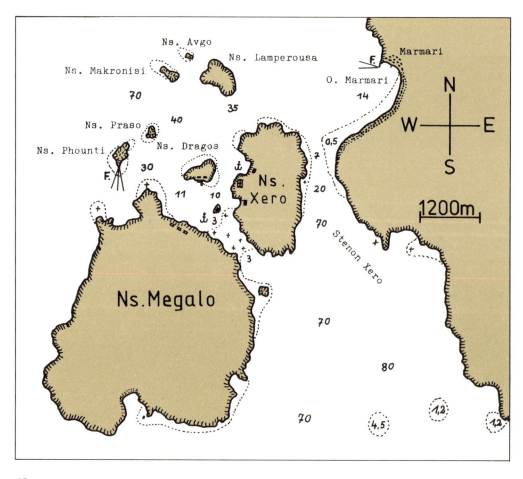

Hafen Karystos

Ormos Karystou, Insel Euböa
38°00,8′N 024°25′E

Sehr gut gegen alle Winde und Seegang geschützter Hafen an der Nordseite des Ormos Karystou.

Die Ansteuerung ist bei Tag und Nacht sehr einfach. Bei Tag ist der ca. 450 m lange Wellenbrecher mit dem Feuerträger am Kopf schon von weitem zu erkennen.

Yachten können im inneren Hafen zwischen den Fischerbooten anlegen. Die Wassertiefe am Kai ist aus dem Plan ersichtlich. Ankergrund Schlick.

Wasser	Anschluß am Kai (Fischer fragen), beim Fähranleger oder kleine Mengen vom Wasserhahn jenseits der Straße. Brunnen auf der Pier.
Treibstoff	Tankstelle hinter dem Hotel „Galaxy" oder per Tankwagen.
Lebensmittel	Beste Auswahl in vielen Geschäften. Eisfabrik gegenüber der Tankstelle. Petroleum in einem Eisenwarengeschäft Nähe Hafen.
Restaurants	Viele gute Lokale.
Post/Telefon	Siehe Plan.

Fährverbindung mit Raphina. Karystos, am Fuße des 1400 m hohen Berges Ochi, ist eine nette, lebendige Kleinstadt, von grüner Landschaft umgeben.

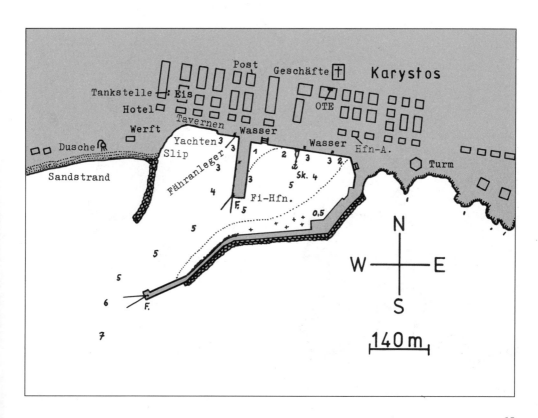

Ormos Kastri

Südostküste Euböas
37°58,3′N 024°32,6′E

Diese gegen nördliche Winde sehr gut geschützte Bucht empfiehlt sich zur Unterbrechung der Fahrt, wenn der Meltemi ein Aufkreuzen im Stenon Kaphireos erschwert. Hier kann man gut den nächsten Morgen abwarten und dann rechtzeitig vor Einsetzen des Windes nach Norden starten.

Obwohl in der deutschen Seekarte D 670 ohne Bezeichnung, läßt sich die Bucht doch leicht finden, wenn man von der Leuchtturminsel Mandili aus 2 sm nach Nordost steuert. Zunächst fällt eine Einbuchtung mit drei Stränden auf, dann folgt eine markante helle Steilküste. In der Bucht Ormos Kastri sind ein paar Häuser und eine weiß gestrichene Kapelle zu erkennen.

Man ankert am besten inmitten der Bucht auf 5–6 m Wassertiefe, wo der Grund zwischen den Seegrasbänken gut haltender Sand ist; zum Ufer hin wird er steinig. Am Abend nach Abflauen des Windes umlaufende Dünung.

Keine Versorgungsmöglichkeit. Die Häuser sind nur zeitweise bewohnt. Meist trifft man hier nur Fischer an, selten ein paar Badende. Eine Schotterstraße führt nach Karystos.

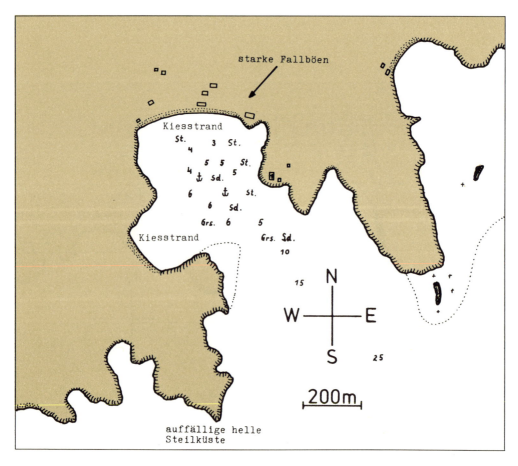

Ormos Petries (A. Apostoloi)

Ostküste Euböas
38°24,4'N 024°11,5'E

Gegen Meltemi sehr gut geschützte Bucht, 17 sm südlich vom Hafen Kymi gelegen, rund 25 sm vom Kap Ak. Kaphirevs (Leuchtfeuer Vrachonisis Kaphireos) entfernt. Ormos Petries kann ein willkommener Ankerplatz sein, wenn das Nordwärtskreuzen an der Ostküste Euböas zu langwierig wird.

Die Ansteuerung ist bei Tag und Nacht möglich. Von Süden kommend sind am Tage die Häuser und die verlängerte Mole von weitem zu erkennen. Nachts weisen das Leuchtfeuer auf der östlichen Einfahrtshuk und beim Näherkommen die Molenlichter den Weg zum Ankerplatz. Das in der Seekarte D 669 vermerkte Wrack ist in die verlängerte Steinschüttung der Mole einbezogen worden. Zusammen mit der zusätzlich gebauten Pier in Nord-Süd-Richtung ist fast ein Hafen entstanden.

Wegen der innerhalb der Mole auf dem Grund liegenden schweren Muringketten wird davon abgeraten, dort zu ankern und Leinen zu den Molensteinen auszubringen. Zum Anlegen ist nur die Ostseite der Pier geeignet, die am äußeren Ende etwa 3 m Wassertiefe hat. Die Fischerboote lassen hier freilich wenig Platz.

Am besten ist es, vor dem Strand im Nordwesten der Bucht zu ankern. Platz zum Schwojen ist vorhanden. Grund Sand und Gras. Westlich des Sandstrandes geht der Grund in Felsplatten über. Nach Abflauen des Windes umlaufende Dünung.

In dem kleinen Ort A. Apostoloi gibt es außer einem Minimarkt einfache Tavernen. Es wird für Gäste gekocht, jedoch nicht zu jeder Tageszeit. Wasserhahn an der Pier.

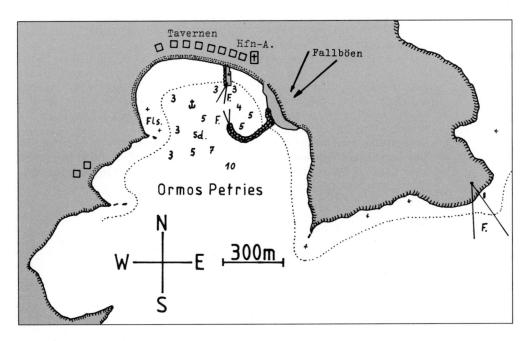

Insel Andros

Seekarten D 670 und 1089

Andros ist die nördlichste und mit ihren 380 km^2 die zweitgrößte der Kykladeninseln (13000 Bewohner). Ein Hochgebirge durchzieht fast die ganze Insel an ihrer Südwestseite (Oros Kouvara, 997 m).
In den Hochebenen und Tälern, die sich der Nordost- und Ostküste zuneigen, werden Getreide, Wein, Tomaten und Zwiebeln angebaut. Zitronen werden ausgeführt, die in den Pflanzungen um Korthion gedeihen. Auch Feigen- und Mandelbäume sind zahlreich. Außerdem werden Rinderhaltung und Milchwirtschaft betrieben.
Der Handel mit Mineralien war schon im Altertum Grundlage des Wohlstandes; bis zu den zwanziger Jahren unseres Jahrhunderts wurden Mangan-, Kupfer- und Eisenerz gefördert. Ein großer Vorteil ist der Wasserreichtum der Insel. Mineralwasser von Apikia ist in ganz Griechenland bekannt.
Für den Sportbootfahrer sind Andros' Küsten ein interessantes, aber auch schwieriges Revier. Im Sommer weht hier der Etesienwind mit großer Stärke, wodurch die Nordost- und Ostküste mit ihren unzähligen malerischen Einschnitten wegen des auflandigen Seegangs und der Brandung an den Stränden zum Ankern ungeeignet wird. Kein idealer Aufenthaltsort ist der Hafen Andros (Kastron), auch der Ankerplatz im Ormos Korthiou ist nur mit Einschränkungen zu empfehlen, so daß diese Küste nur außerhalb der Meltemizeit bei stabiler Wetterlage erholsame Tage verspricht.
Gefahrlos ist das Ankern in den Buchten auf der Leeseite der Insel, wenn auch überall die Fallböen von den Berghängen herabstürzen und deshalb schweres Ankergeschirr erfordern. Die weißen Wattewolken über den Gipfeln künden schon von weitem starken Wind an. In geringen Entfernungen vom Land ist die See kürzer und härter als weiter draußen, wo meist auch der Wind gleichmäßiger weht.
Die gefürchtete Durchfahrt zwischen Andros und Euböa, den Stenon Kaphireos, mit einer Breite von nur 6 sm, wo sich bei starken nördlichen Winden eine grobe See aufbaut und die südwärts laufende Strömung bis zu 7 kn erreichen kann, sollte man an windreichen Tagen möglichst meiden. Für eine Passage in nördlicher Richtung wird man das Abflauen des Windes abwarten und den Motor zu Hilfe nehmen müssen.
Bleiben als Häfen an der Südwestküste noch Gavrion und Batsi zu erwähnen. Die dem Ormos Gavriou vorgelagerten Inseln und Untiefen sind in der Seekarte D 670 deutlich zu erkennen, außerdem werden sie in einem Übersichtsplan zu den beiden Häfen gezeigt.

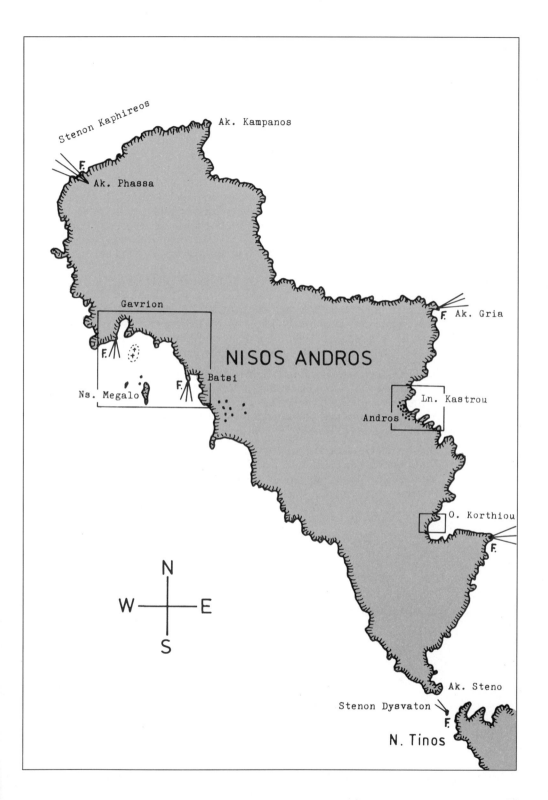

Hafen Batsi

Ormos Gavriou, Insel Andros
37°51,5′N 024°47,1′E

Kleiner, sehr hübscher, geschützter Hafen an der Ostseite des Ormos Gavriou, ca. 3 sm südöstlich vom Hafen Gavrion entfernt.

Bei Tag ist die Ansteuerung einfach, nachts muß man genau navigieren, um sich von den vorgelagerten Inseln und Klippen gut freizuhalten. Besonders von Norden kommend muß man den gefährlichen Untiefen Yph. Vouvi, die teils unter Wasser liegen, aus dem Weg gehen. Man hält sich am besten nahe der Küste oder fährt südlich an der Insel Megalo vorbei.

Von Süden kommend ist es zweckmäßig, besonders bei starkem Meltemi, sich mit verkleinerter Segelfläche dicht unter Land zu halten, da der Seegang schon in geringer Entfernung vom Land beträchtlich ist. Ein Aufkreuzen kann äußerst mühsam werden. Man lasse sich bei leichten Winden nicht darüber täuschen, daß vom Kap Ak. Theiakion an schlagartig der Wind um einige Beaufort zunehmen kann.

Nachts brennt auf der Halbinsel Ak. Kolona ein Leuchtfeuer, der Molenkopf trägt ebenfalls ein Licht.

Will man hinter der Mole mit Buganker und Hecklinen festmachen, sollte man wegen der starken Fallböen sehr viel Kette geben und den Anker weit nach Luv ausbringen. Ankern vor dem Sandstrand auf beliebiger Wassertiefe ist ebenfalls möglich. Ankergrund gut haltender Sand.

Wasser	Kleine Mengen von der Bar an der Wurzel der Mole.
Treibstoff	Tankstelle ca. 2,5 km in Richtung Andros, sonst in Gavrion.
Lebensmittel	Ausreichend in verschiedenen Läden.
Restaurants	Viele Restaurants und Cafés in der Nähe des Hafens.
Post/Telefon	Mobile Post und OTE Nähe Hotel Chryssi.

Busse nach Gavrion und Andros, der Hauptstadt der Insel an der Ostküste.

Rund um die Hafenbucht sind viele Neubauten entstanden: Hotels, Ferienhäuser, Bars, Souvenirgeschäfte und Galerien. Es gibt auch internationale Presse.

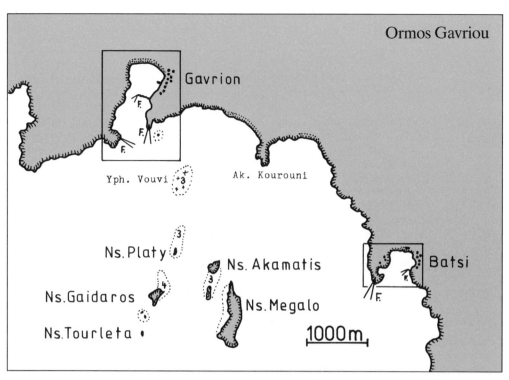
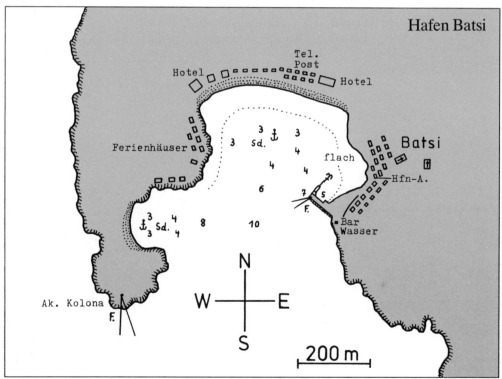

Hafen Gavrion

Ln. Gavriou, Insel Andros
37°53,2′N 024°44′E

Dieser gut geschützte Hafen liegt im nordwestlichen Teil des Ormos Gavriou. Die Ansteuerung, von Westen kommend, ist bei Tag und Nacht ohne Schwierigkeiten. Beide Einfahrtshuken, Ak. Kastri und Ak. Marmara, sind befeuert. Von Süden kommend achte man auf die Untiefe Yph. Vouvi und auf die südöstlich von Ak. Marmara liegende Klippe Vr. Rosa. Die Bucht selbst ist frei von Untiefen. Die Wassertiefe nimmt von 27 m in der Einfahrt gleichmäßig ab. Die Steinschüttung an der Ostseite wurde bis über die Mitte der Einfahrt hinaus verlängert. Dieser Wellenbrecher schützt den Hafen bei Südwind; er trägt ein grünes Feuer.

Man kann vor dem Sandstrand auf beliebiger Wassertiefe und Sandgrund ankern, muß aber berücksichtigen, daß die mehrmals täglich einlaufenden Fähren für ihr Anlegemanöver genügend Raum im nördlichen Teil der Bucht benötigen. Yachten können an der Nordseite der verbreiterten Pier anlegen. Andernfalls weist der Hafenpolizist einen Platz zu.

Auch in diesem Hafen muß mit heftigen Fallböen gerechnet werden, weshalb beim Ankern genügend Kette zu stecken ist.

Wasser	Kleinere Mengen mit Kanister von den Lokalen.
Treibstoff	Tankstelle siehe Plan.
Lebensmittel	Einige Geschäfte direkt am Hafen.
Restaurants	Tavernen an der Wasserfront.
Post/Telefon	Nähe Hafen.

Busse nach Andros, Batsi und zu anderen Ortschaften. Fährverbindung mit dem Festland (Raphina) und der Insel Tinos.

Schöne Tagesankerplätze vor Sandstränden befinden sich zwischen Gavrion und Batsi.

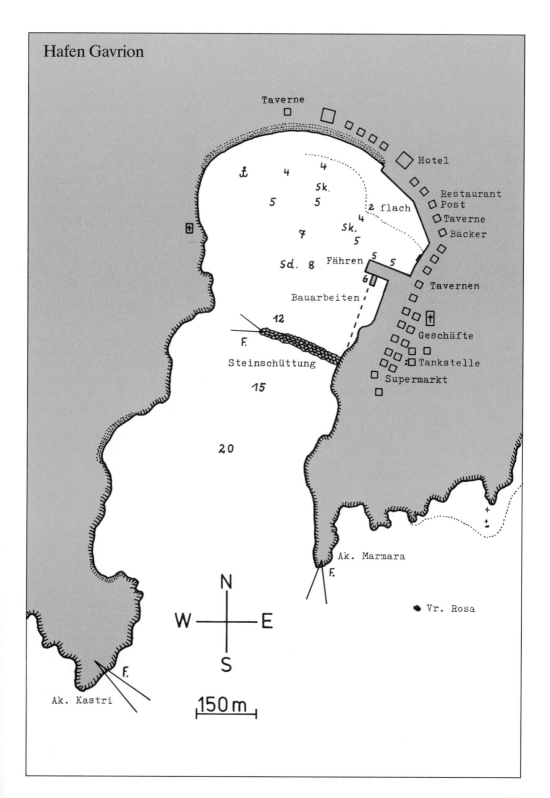

Hafen Andros

Ln. Kastrou, Insel Andros
37°50,8′N 024°56,3′E

Der Hafen der Hauptstadt von Andros, Ln. Kastrou, wird von Sportbooten selten besucht, da die Nordostküste der Insel den starken sommerlichen Winden und dem Seegang voll ausgesetzt ist. Trotz dieser Einschränkung bietet der Hafen hinter dem gewaltigen Wellenbrecher leidlich Schutz. Der Hafen kann notfalls auch nachts angelaufen werden, da er gut befeuert ist.

Das Anlegen mit Heckleinen an der Innenseite des Wellenbrechers ist möglich, aber ein Übersteigen durch die Höhe des Kais schwierig. Außerdem werden lange Leinen zu den Pollern benötigt.

Am sichersten liegt man in der großen Hafenbucht vor Anker. Grund ist feiner, gut haltender Sand, teilweise bewachsen. Das E-Werk verursacht einigen Lärm. Der Weg vom Wellenbrecher zur Stadt beträgt ca. 20 min.

Wasser	Hafenamt fragen.
Treibstoff	Tankstelle weit entfernt in der Stadt.
Lebensmittel	Beste Auswahl in der Stadt.
Restaurants	Auf dem Weg zur Stadt und dortselbst.
Post/Telefon	Im neueren Stadtteil.

Um Zweifeln zu begegnen, sei erwähnt, daß die frühere sogenannte „Yachtstation" an der Südseite der Bucht unterhalb der Stadt (außerhalb des Detailplans) sogar bei ruhigem Wetter zum Anlegen unbrauchbar ist. Zahlreiche Unterwasserklippen, felsiger Grund und flaches Wasser machen eine Annäherung unmöglich. Bei Meltemi geht die Brandung voll über diesen Kai, bei ruhiger Wetterlage steht starke Dünung. Weder Wasser noch Diesel sind dort erhältlich.

Andros, auch Kastron oder einfach Chora (= Hauptort einer Insel) genannt, hat zwei unterschiedliche, sehr sympathische Gesichter: Während die romantische Altstadt, die auf die venezianischen Machthaber zurückgeht, sich hoch auf einem Felsen zwischen der Hafenbucht und Ormos Paraporti befindet, schließt sich der neuere Teil außerhalb des Tores mit stattlichen Gebäuden und lichten Straßen und Plätzen an. − Ormos Paraporti ist eine schöne Badebucht.

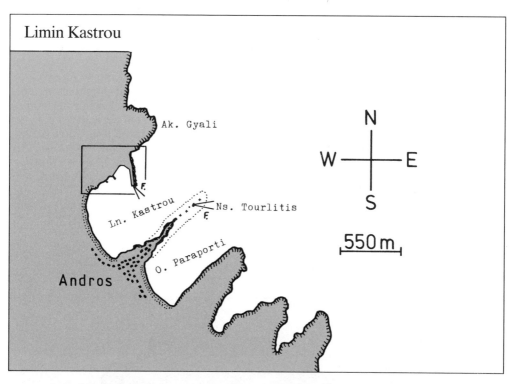
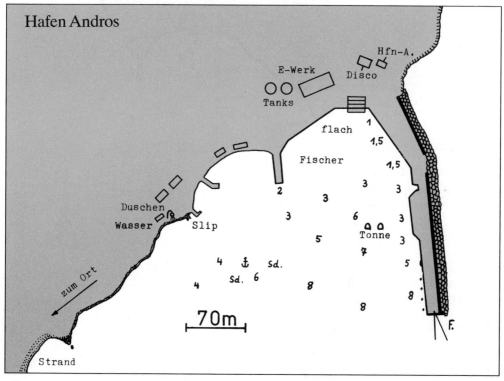

Ormos Korthiou

Insel Andros
37°46,7′N 024°57,5′E

Diese landschaftlich sehr schön gelegene Bucht an der Nordostküste von Andros kann für einen Aufenthalt nur bei ruhiger Wetterlage empfohlen werden. Der Ormos Korthiou ist bis zum Scheitel ohne Untiefen. Einen guten Ankerplatz findet man hinter der Huk Ak. A. Aikaterinis, auf der nachts ein Feuer brennt. Der Huk vorgelagert ist eine niedrige Steinschüttung von ca. 50 m Länge. Nordwestlich davon betragen die Wassertiefen etwa 3–4 m. Der Ankergrund ist Sand mit Seegras. Während Seegang am Sandstrand vor dem Ort ausläuft, ist es auf diesem Ankerplatz verhältnismäßig ruhig. Die kleine Pier hat an ihrem Kopf 2 m Wassertiefe und Ketten zum Festmachen.

Von hier zum Ort Korthion dauert der Fußmarsch 10 min. Dort gibt es bescheidene Cafés, Läden, Post und Telefon. Wasser notfalls per Kanister von der Taverne, die auf dem Uferweg zum Ort liegt.

Busverbindung mit Andros (Kastron) und Batsi–Gavrion.

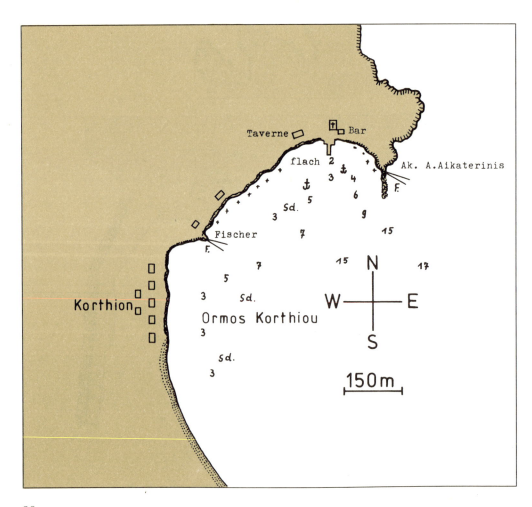

Insel Tinos

Seekarten D 670 und 1089

Nur eine Seemeile von Andros entfernt, durch die Meerenge Stenon Dysvaton getrennt, trifft man auf Tinos ähnliche geographische Verhältnisse wie auf Andros an.

Die 195 km² große Insel ist ebenfalls gebirgig, ihr höchster Berg im Südosten ist der 713 m hohe Koryphi Tsiknias, über dem bei starken Nordwinden eine weiße Wolke erscheint.

Wegen der außerordentlich heftigen Fallböen, die unvermindert anhalten, werden sämtliche Ankerbuchten absolut unbrauchbar, sofern der Sportbootfahrer nicht gerade eine ruhige Phase in den Sommermonaten erlebt; dann allerdings hat Tinos wie auch Andros einmalig schöne Badeplätze an seiner gesamten vielgegliederten Küste aufzuweisen.

Während die Strömung an der Ostküste auch bei leichten Winden mit mindestens einer Seemeile je Stunde in südöstliche Richtung setzt, erreicht sie in der Durchfahrt zwischen Andros und Tinos 2 bis 2,5 Knoten; sie ist im Stenon Dysvaton also unvergleichlich schwächer als im Stenon Kaphireos (siehe Andros).

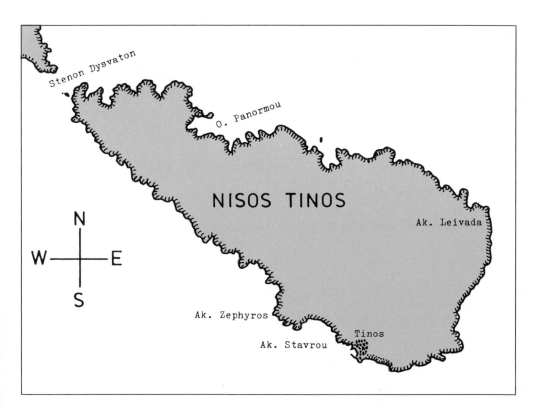

Der einzige Hafen an der Nordküste ist Panormos, der bei Aufkommen von Nordwind keinen Schutz bietet. Als sicherster Schlupfwinkel der ganzen Insel bleibt nur der Hafen Tinos.

Obwohl die Strecke von Kea bis Tinos nur etwa 40 sm beträgt, sollte man die Wind- und Seeverhältnisse in diesem begrenzten Gebiet auf keinen Fall unterschätzen. (Ein Zwischenaufenthalt auf der zwischen Kea und Tinos gelegenen Insel Gyaros ist nicht möglich, da es sich um ein Sperrgebiet handelt.) Bedingt durch die hohen Berge auf Andros und Tinos sind die Fallböen unter Land so stark, daß auch der Seegang schon in einiger Entfernung vor der Küste kurz und steil ist, noch bevor man in den Bereich der Fallböen selbst gerät. Schon von weitem ist zu erkennen, wo die Fallböen einsetzen, weshalb man unbedingt rechtzeitig die Segelfläche stark verkleinern muß.

Vor allem vor Tinos geraten immer wieder Yachten aus Unkenntnis der Lage in Bedrängnis. Hilfe kann bei derartigen Wetterbedingungen nicht immer erwartet werden, obwohl in Tinos Adonis Foskolos, ein engagierter Freund der Yachtfahrer, stets Ausschau hält und Fischer ihm bei Notfällen behilflich sind, soweit es ihre eigene Sicherheit erlaubt. Er wies schon vor Jahren auf die Häufigkeit von Seenotfällen vor Tinos hin, die meist in mangelnder Ausrüstung oder Überschätzung der eigenen Fähigkeiten ihre Ursache hatten. Jedem Skipper sei also dringend geraten, lieber beizeiten den Kurs zu ändern und nach Syros abzulaufen, statt mit Gewalt in Richtung Tinos aufzukreuzen und dabei Besatzung und Schiff in Gefahr zu bringen.

Trotz aller Widrigkeiten bei der Ansteuerung ist Tinos ein begehrtes Reiseziel. Erwerbszweige der etwa 10000 Bewohner sind Getreide- und Gemüseanbau, Viehzucht, der Abbau des farbigen Marmors und der Fremdenverkehr, der vor allem durch die Zehntausenden von Pilgern belebt wird, die alljährlich die wundertätige Ikone in der Kirche Panagia Evangelistria in Tinos besuchen.

Bei einem Ausflug über die Insel fallen saubere Ortschaften auf und viele reichverzierte Taubenhäuser, die teilweise aus der Zeit der venezianischen Besetzung stammen. Seit dieser Epoche ist der Katholizismus auf der Insel stark vertreten (Bischofssitz in Xynara). Funde aus der Antike sind ebenfalls vorhanden und werden gegenwärtig freigelegt.

Ormos Panormou

Insel Tinos
37°39,3′N 025°03,2′E

Einziger an der Nordküste der Insel gelegener Hafen, der aber bei Meltemi keinen Schutz bietet. Bei der Ansteuerung läßt man die vorgelagerte Insel Planitis mit dem Leuchtfeuer an Steuerbord und schwenkt in die Bucht ein. Die Steinbake an Steuerbord bezeichnet eine Untiefe.

Im Scheitel der Bucht ist von weitem der Ort Panormos zu erkennen. Die kurze, breite Pier liegt an der Ostseite. Sie ist nachts nicht befeuert. Man kann hinter der Pier mit Buganker und Heckleinen anlegen oder, sofern Platz ist, längsseits festmachen. Ankergrund Sand und Steine.

Wasser	Kleine Mengen per Kanister von Privat.
Treibstoff	Nicht zu bekommen.
Lebensmittel	Zwei bescheidene Läden.
Restaurants	Ein großes sauberes Kafenion.
Post/Telefon	Briefkasten; Telefon im Kafenion.

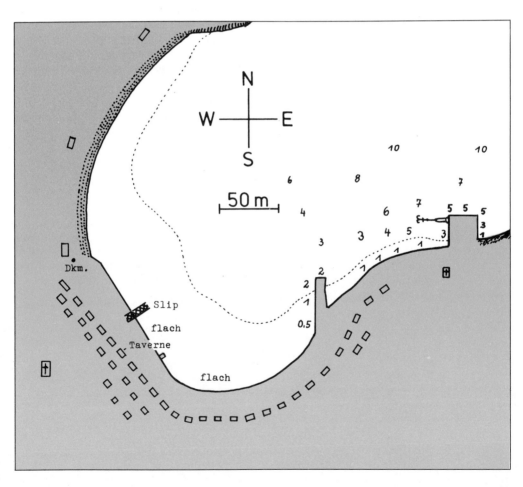

Hafen Tinos

Ln. Tinou, Insel Tinos
37°32,2′N 025°09,8′E

Großer, sehr sicherer Hafen, der durch zwei befeuerte Wellenbrecher geschützt wird. Für die Ansteuerung ist bei herrschendem Meltemi folgendes zu beachten: Nähert man sich dem Hafen Tinos, werden die Fallböen zunehmend stärker und können vor dem Hafen Sturmstärke erreichen. Man sollte deshalb die Segelfläche rechtzeitig verkleinern, um keine Überraschungen zu erleben. Beim Aufkreuzen aus südlicher Richtung sollte man mindestens bis auf die Höhe von Ak. Stavrou laufen, bevor man mit einer Wende auf den Hafen zuhält, und erst im Vorhafen die Segel bergen, da es erfahrungsgemäß mühsam wird, nur unter Maschine den Hafen zu erreichen. Hat man erst die Hafeneinfahrt geschafft, werden die Fallböen merklich schwächer, und das Anlegen ist ohne Gefahr möglich.

Yachten sollten sich nur an den im Plan eingezeichneten Platz legen, da die westliche Pier für die Fähren benötigt wird. Das Personal des Adonis-Yachting-Clubs ist beim Anlegen behilflich und übernimmt auf Wunsch für Yachten die Versorgung mit Wasser, Treibstoff und Stangeneis. Auch Reparaturen werden vermittelt. Da dieser Service kostenlos erfolgt, wird bei Inanspruchnahme von Leistungen ein angemessenes Trinkgeld empfohlen. Der Liegeplatz ist kostenlos.

Darüber hinaus steht Adonis Foskolos den Yachtfahrern in seinem Café „Tinos Mariner" (siehe Plan, Gebäude mit Bogenhalle) selbstlos zur Verfügung (Wetterbericht, Beratung, Inselinformation, Telefon und Poststelle außerhalb der Öffnungszeiten, Duschen).

Hafenamt	Transitlog wird bis zur Weiterfahrt einbehalten (geringe Hafengebühr). Wenn Windstärken mit mehr als 6 Bft zu erwarten sind, dürfen Charterboote nicht auslaufen.
Wasser	Bestes Trinkwasser am Kai.
Treibstoff	Diesel wird mit dem Tankwagen an den Kai gebracht.
Lebensmittel	Viele Geschäfte in der Stadt.
Restaurants	Große Auswahl an Restaurants und Tavernen in Hafennähe.
Post/Telefon	Siehe Plan.

Reger Fährverkehr. Busse über die Insel. Zum Fest Mariä Himmelfahrt am 15. August ist der Hafen durch die zahlreichen Pilgerschiffe total überfüllt. Wer trotzdem die Wallfahrtsfeierlichkeiten mit Prozession erleben möchte, sollte sich 1−2 Tage vorher einen Liegeplatz sichern oder bei Platzmangel vor „Tinos Mariner" im Vorhafen auf 5−7 m Wassertiefe und Sandgrund ankern.

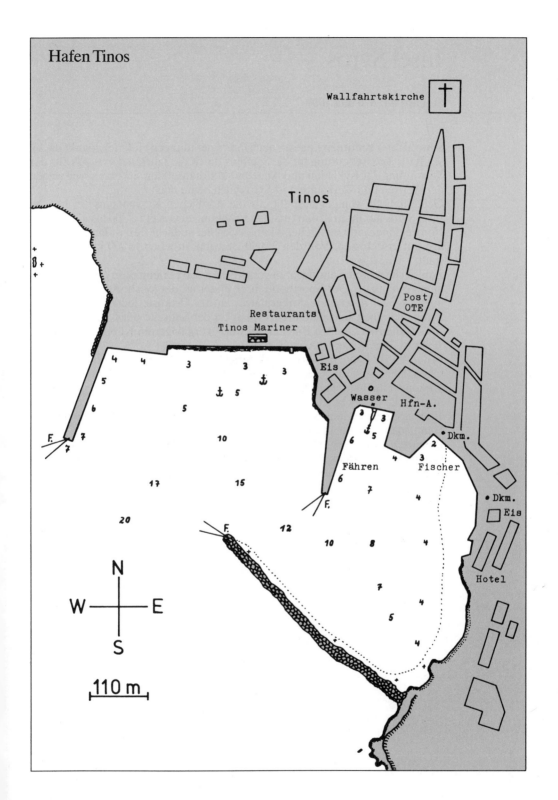

Insel Syros

Seekarten D 670 und 1089

Sowohl ihrer zentralen Lage als auch ihrem geräumigen Hafen verdankt die Insel Syros ihre Bedeutung für die Seefahrt durch die Jahrhunderte. Als Sitz der Verwaltung der Kykladen und Angelpunkt des Inselfährverkehrs sowie wegen der Werften und Werkstätten ist Syros auch heute noch wichtig.

Geographisch weniger auffällig als die nördlichen Kykladeninseln, hat die Insel Syros auf ihren 85 km^2 mäßige Erhebungen von etwa 300 bis 470 m. Die Nordregionen sind weitgehend kahl, doch der südliche Teil ist landwirtschaftlich gut erschlossen. Von den 23 000 Bewohnern leben 14 000 in der Hauptstadt.

Zahlreiche schöne Sandbuchten versprechen den Feriengästen einen angenehmen Aufenthalt. Der Sportbootfahrer findet an der Westküste etliche mehr oder weniger geschützte Ankerplätze, an der Ostküste lediglich den Hafen Syros und einen sehr guten Ankerplatz an der Südseite der Leuchtturminsel **Nisis Gaidaros.** Die den Buchten teilweise vorgelagerten Klippen sind in der Seekarte D 670 deutlich verzeichnet.

In der Antike kaum hervortretend, geriet Syros im Mittelalter unter venezianischen Einfluß. Durch entsprechende Abmachungen blieb Syros von den Türken weitgehend verschont. Wegen seiner Neutralität während der Befreiungskriege zog es Flüchtlinge der schwer betroffenen Inseln Chios und Psara an, was einen starken Bevölkerungszuwachs und damit den Aufschwung der Hauptstadt im vorigen Jahrhundert zur Folge hatte.

Im einzelnen werden beschrieben: Hafen Syros, Ankerbucht Nisis Gaidaros, Ormos Varis, Ormos Phoinikos, Hafen Poseidonia, Ormos Galissas, Ormos Kyni, Ormos Delphino, Ormos Aetou, Ormos Megas Lakkos.

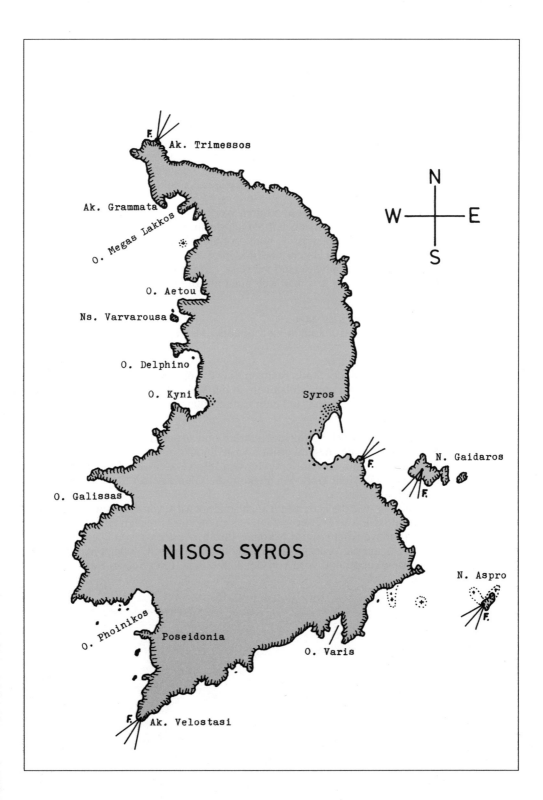

Hafen Syros

Ln. Syrou, Insel Syros
Port of Entry, 37°26,5′N 024°56,6′E

Großer Fähr- und Handelshafen an der Ostseite von Syros. Die Ansteuerung des gut befeuerten Hafens ist problemlos. Obwohl durch Wellenbrecher geschützt, liegt man an der Nordseite, dem bevorzugten Platz für Yachten, sehr unruhig. Wind und lebhafter Schiffsverkehr verursachen unangenehmen Schwell. Man sollte durch lange Leinen den Abstand zum Kai vergrößern. Geruchsbelästigung durch Abwässer. (Zum Ausweichen wird die Ankerbucht Ormos Megali Angali auf der Insel Gaidaros empfohlen, siehe übernächste Seite.)

Beste Reparaturmöglichkeiten durch Werften und Werkstätten sind gegeben. Ausrüster und Agenten bieten ihre Dienste an. Soll ein Boot über längere Zeit im Hafen Syros bleiben, prüfe man sorgfältig die Sicherheit des Liegeplatzes. Der südliche Teil des Hafens macht keinen vertrauenerweckenden Eindruck: Gebäude und Kaianlagen sind teilweise verfallen, Bauarbeiten wurden nicht überall beendet, so daß man sich auch auf die Wassertiefen nicht verlassen sollte.

Hafenamt	Kontrolle der Schiffspapiere.
Wasser	Am Kai. WC und Duschen im Gebäude des Hafenamts (nur während der Saison).
Treibstoff	Tankstelle siehe Plan.
Lebensmittel	Beste Auswahl in der Stadt. Stangeneis evtl. von den Fischhändlern.
Restaurants	Zahlreiche Lokale und Grillstuben an der Wasserfront und in den Seitengassen. Restaurant „Eleana" auf dem Rathausplatz.
Post/Telefon	Siehe Plan.

Busse über die Insel. Fähren nach Piräus und zu anderen Kykladeninseln. Syros, Verwaltungssitz und größte Ansiedlung der Kykladen (14 000 Einwohner), hat als zentraler Fährhafen für den Inselverkehr, als Umschlagplatz und durch seine Werften große Wichtigkeit; die Glanzzeit der Stadt lag jedoch im vorigen Jahrhundert.

Ermoupolis, wie die Hafenstadt auch genannt wird, von den Zuwanderern aus Chios und Psara ab 1821 erbaut, zieht sich bis zum östlichen Hügel hinauf, wo die orthodoxe Kirche Agios Nikolaos thront. Westlich davon liegt Ano Syros, der ältere, auf die Venezianer zurückgehende Stadtteil, äußerst malerisch auf einer Bergkuppe und wird von der katholischen St.-Georgs-Kathedrale gekrönt.

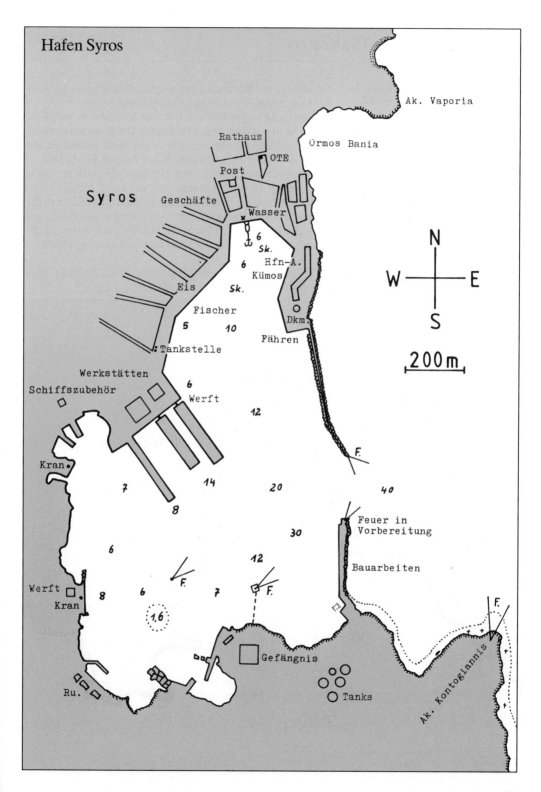

Ankerbucht Nisis Gaidaros

37°25,6′N 024°58,7′E

Ormos Megali Angali heißt die bei Nordwind gut geschützte Bucht an der Südseite von Gaidaros, der Leuchtturminsel an der Ostseite von Syros.
Die Ansteuerung ist nachts nicht zu empfehlen. Die Bucht wird von zwei Felsbarren durchquert. Etwa 150 m vor dem Strand nimmt deshalb die Wassertiefe auf 2,50 m ab und geht dann wieder auf 3 m. 50 m vor dem Strand ist die zweite Barre mit nur 0,50 m Wassertiefe. Zwischen den beiden Felsbarren ist gut haltender Sandgrund mit vereinzelten Steinen. Ein Betonklotz liegt nur ca. 0,50 m unter Wasser an der Westseite der Bucht, worauf beim Einlaufen zu achten ist. Obwohl über den schmalen Einschnitt am Strand starke Böen in die Bucht kommen, liegt man hier auch bei kräftigem Meltemi gut geschützt, auf jeden Fall wesentlich ruhiger als im Hafen Syros. Bei südlichen Winden ist die Bucht natürlich unbrauchbar. Auch als Tagesankerplatz sehr zu empfehlen.

Achtung: Laut „Nachrichten für Seefahrer" 31/92 befindet sich auf 37°25′35"N 24° 058′ 45" E eine 1,80-m-Stelle (außerhalb dieses Planes).

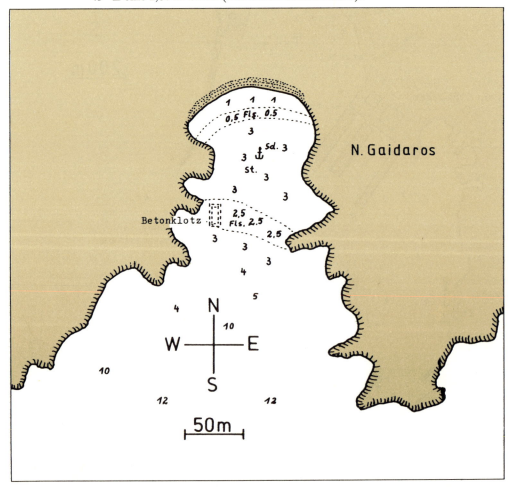

Ormos Varis

Insel Syros
37°23,4′N 024°56,7′E

An der Südostküste von Syros liegt diese tief nach Norden einschneidende Bucht, die sehr gut gegen alle Winde, außer Südwinden, geschützt ist.
Die Ansteuerung ist einfach. Tiefes Wasser umgibt die Einfahrtshuken Ak. Achladi und Ak. Chontra.
Im Scheitel der Bucht der freundliche Ferienort Vari. Die Wassertiefen nehmen zum Scheitel der Bucht hin gleichmäßig ab. Ankergrund feiner Sand.
Die kleinen Anleger werden von den Gästen der Hotels und Pensionen als Badeplattform benutzt. Fischerboote liegen in der westlichen Seitenbucht vor Murings.

Wasser   Notfalls mit Kanister von einem Hotel.
Treibstoff Nur im Hafen Syros.
Sonstiges   Verpflegung, Getränke, Geldwechsel und Telefon im Hotel Kamelo. Gute Tavernen rings um die Bucht. Bus nach Syros.

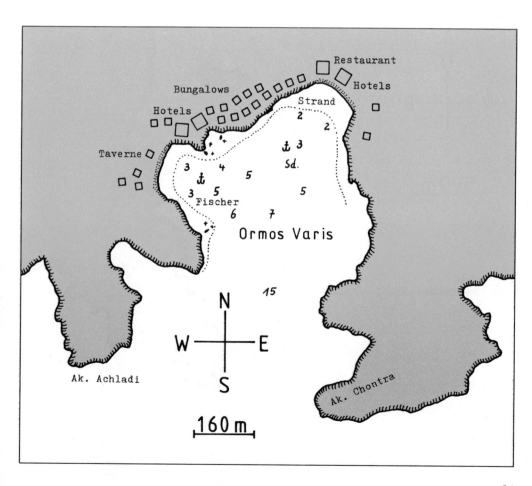

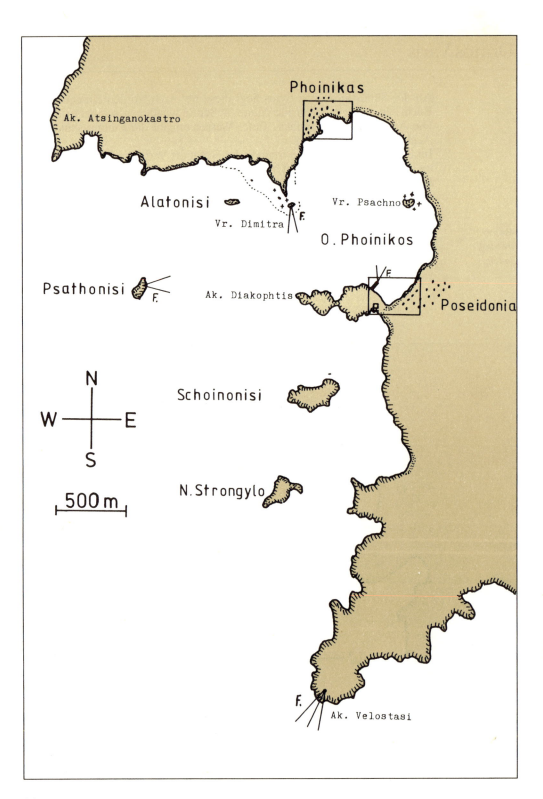

Ormos Phoinikos

Insel Syros
37°23,8′N 024°52,6′E

Bei nördlichen Winden sehr gut geschützte Bucht an der Westküste von Syros, 2 sm nördlich vom südlichen Kap Ak. Velostasi gelegen.

Bei der Ansteuerung des von weitem erkennbaren Ortes Phoinikas (Finikas) rundet man die deutlich sichtbare Klippe Vr. Dimitra, die nachts befeuert ist, und fährt dann nach Norden auf die kurze Pier zu.

Yachten legen am Kopf oder an der Südseite der Pier an, während die Nordseite den Fischern vorbehalten ist. (Ausweichmöglichkeit siehe Hafen Poseidonia, nächste Seite.)

Wasser	An der Mauer Nähe Pier Wasserhahn (Entnahme gegen Bezahlung). Daneben Duschen (kein Trinkwasser). Yachtservice im Hotel Olympia.
Treibstoff	Tankstelle ca. 600 m Richtung Kirche (Entfernung im Plan nicht maßstabgerecht).
Lebensmittel	Kleiner Laden an der Straßenabzweigung.
Restaurants	Mehrere Restaurants, Café und Pizzeria an der Wasserfront.
Post/Telefon	Briefkasten an der Bus-Haltestelle, OTE an der Straße, Telefon außerdem im Hotel Olympia. Busverbindung mit Syros.

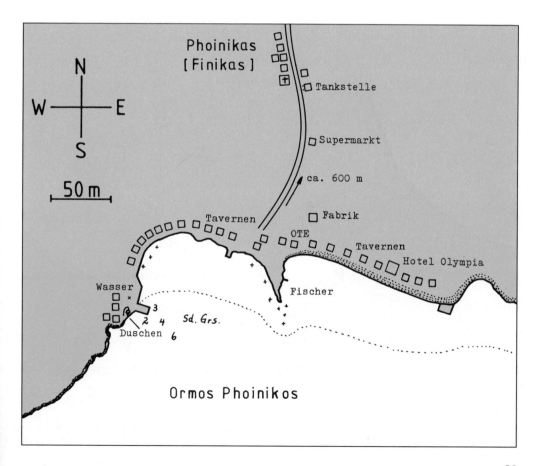

Hafen Poseidonia

Ormos Phoinikos, Insel Syros
37°23,4′N 024°52,9′E

Ebenfalls in der Bucht Ormos Phoinikos, und zwar im Südosten, liegt dieser Militärhafen, der durch eine Schranke mit Bewachung von Land her gesperrt ist. Die Begrenzung des Sperrgebietes zum Wasser hin ist aus Plan J der D 1089 zu ersehen. Nachts ist die etwa 100 m lange Mole befeuert.
Normalerweise ist das Anlegen am Kai untersagt; wenn jedoch bei südlichen Winden die Pier beim Ort Phoinikas (Finikas) dem Schwell ausgesetzt ist, können Yachten im Schutz des Marinehafens außerhalb der Sperrzone frei schwojend ankern. Die Wassertiefe von 4 m nimmt zur kleinen Fischermole hin schnell ab, weshalb man sorgfältig loten muß.
Die Versorgungsmöglichkeiten sind gering, Wasser und Treibstoff nicht zu bekommen. Lebensmittel notfalls in einem bescheidenen Laden im Ort Poseidonia. Gemüse und Obst vom Gemüseauto. Restaurant im Hotel „Posidonion", dort auch Poststelle und Telefon.

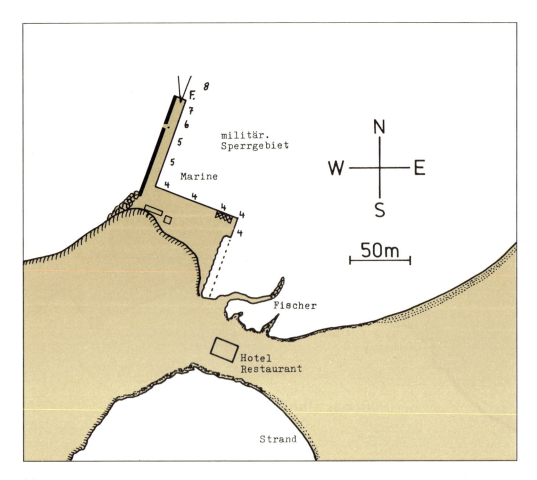

Ormos Galissas

Insel Syros
37°25,4′N 024°52,5′E

Hübsche Bucht mit Sandstrand in grüner, hügeliger Umgebung an der Westküste von Syros. Die Bucht ist frei von Untiefen. Man kann auf beliebiger Wassertiefe über Sandgrund ankern.

Die 40 m lange Pier unterhalb der Kapelle auf der Südseite ist für Fischerboote bestimmt (1-t-Kran).

Hinter dem Strand sind Hotels, Pensionen und Privathäuser entstanden. Es gibt Tavernen, Cafés und Discos, einen Minimarkt und Telefon. Der eigentliche Ort Galissas liegt etwa 1 km entfernt.

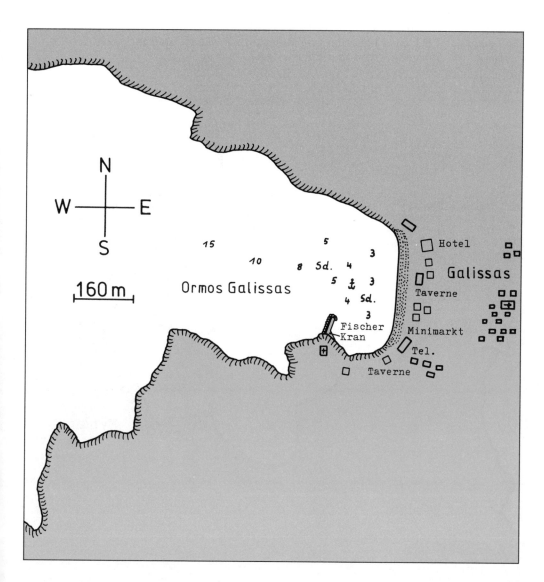

Ormos Kyni

Insel Syros
37°26,8′N 024°54′E

Kynion ist ein freundlicher kleiner Fischerort im Scheitel des Ormos Kyni. Die Ansteuerung bringt keine Schwierigkeiten mit sich, wenn man die Untiefe beachtet, die weit in die Bucht reicht und eine Mindestwassertiefe von 1,50 m hat (siehe Plan).
Man ankert am besten vor dem Ort auf 3–4 m Wassertiefe, Grund feiner Sand und Mud. Im Süden der Bucht wird der Ankergrund teilweise felsig. Durch eine Steinschüttung (mit rotem Blitzfeuer) ist der Schutz bei Meltemi verbessert worden. Im nördlichen Teil der Bucht vor dem befestigten Ufer, an dem die Fischerboote liegen, ist es seicht. Ein Flaschenzug dient als Kran.

Wasser	Notfalls per Kanister.
Treibstoff	Nur in der Stadt Syros (9 km entfernt).
Lebensmittel	Ein kleiner Laden an der Ausfahrtstraße Nähe Restaurant.
Restaurants	Einige Tavernen an der Wasserfront.

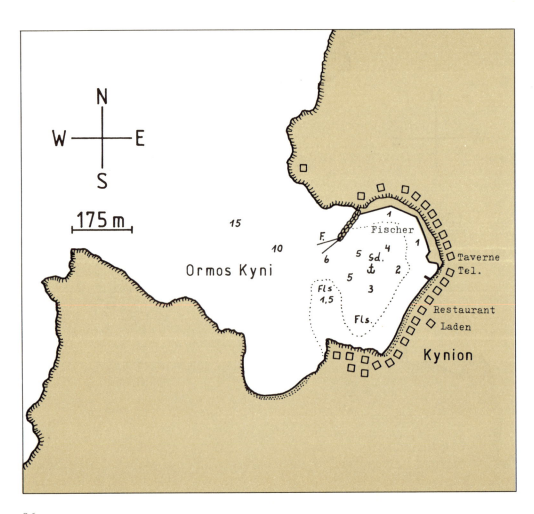

Ormos Delphino

Insel Syros
37°27,5′N 024°53,8′E

Guten Schutz gegen Wind und Seegang aus nördlicher Richtung bietet diese Bucht, die in einem Sand-Kies-Strand ausläuft. Die Felsklippe inmitten der Bucht kann zu beiden Seiten passiert werden.

Man ankert auf beliebiger Wassertiefe vor dem Strand, Ankergrund ist feiner Sand und Mud. Bei Meltemi kommen starke Böen über die Berge.

Nur für einen Badeaufenthalt geeignet. Versorgungsmöglichkeiten im Fischerort Kynion, eine knappe Seemeile südlich gelegen.

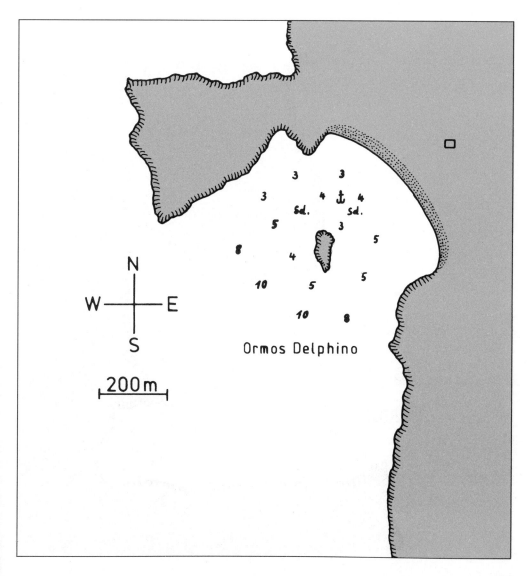

Ormos Aetou

Insel Syros
37°28,6'N 024°53,8'E

Auch Ormos Aetou, an der Westseite von Syros gelegen, in der Seekarte D 670 ohne Wassertiefenangaben, hat zwei Ankerplätze, von denen der nördliche schmal in die hier sehr markante Steilküste einbuchtet. Ankergrund ist grober Sand, teilweise mit Seegras bewachsen. Es ist wenig Platz zum Schwojen. Mit starken Fallböen durch die tiefen Bergschluchten ist zu rechnen.
Breiter ist die östliche Einbuchtung, hier steigt der Grund langsam zum Strand hin an. Ankergrund Sand.
Diese beiden Buchten sind vor Seegang nicht gut geschützt, doch bei ruhiger Wetterlage wegen ihrer Abgeschiedenheit einen Besuch wert.

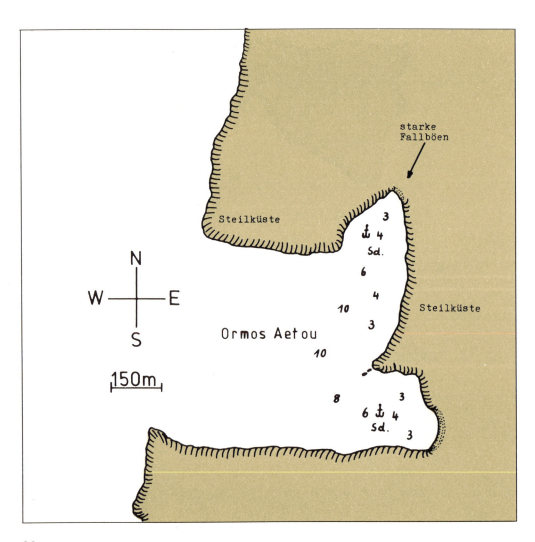

Ormos Megas Lakkos

Insel Syros
37°30′N 024°53,3′E

An der Westseite von Syros gelegen, 1,5 sm südlich vom Nordkap der Insel, Ak. Trimessos, bietet Ormos Megas Lakkos sehr guten Schutz bei nördlichen Winden, obwohl dann starke Fallböen über die Berge kommen, von denen die Bucht eingeschlossen ist. Dieser Ankerplatz kann sehr nützlich sein, wenn der Meltemi die Weiterfahrt nach Tinos erschwert.

Die Bucht ist frei von Untiefen, die Wassertiefe nimmt zum Ufer hin gleichmäßig ab. In der nordwestlichen Einbuchtung wird der Grund zum Ufer hin felsig, während er auf 5–6 m Wassertiefe aus gut haltendem grobem Sand besteht. Man sollte in jedem Fall genügend Kette stecken.

Der östliche Einschnitt hat sehr guten Ankergrund aus Sand und Mud. Hier weist der Besitzer des nahen Grundstücks auf einer Tafel den willkommenen Besucher auf die Müllablage in einer eigens gemauerten Grube hin.

Die südlicher gelegenen Buchten haben ebenfalls guten Ankergrund, sind jedoch vor Seegang weniger geschützt. Die in der Seekarte D 670 ersichtliche Klippe ist deutlich zu erkennen und hat rundum tiefes Wasser (außerhalb des Plans).

Größte Einsamkeit, nur ein paar weidende Ziegen an den Abhängen.

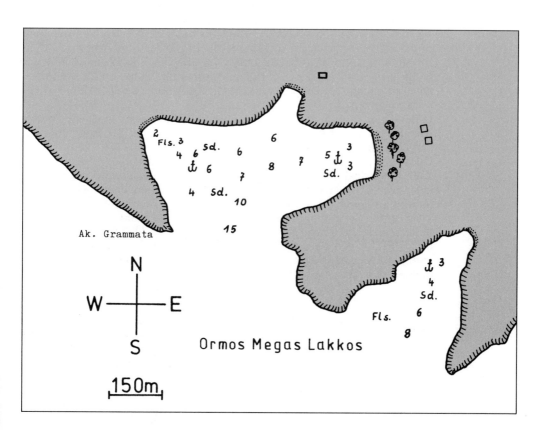

Inseln Mykonos, Dilos und Rineia

Seekarten D 670, 673 und 1089

Diese drei Inseln, die Mykonosgruppe, haben eines gemeinsam: Sie sind auffallend kahl und wenig ertragreich. Die höchsten Berge sind auf Mykonos 351 m bzw. 364 m, die größte Erhebung von Dilos ist der 107 m hohe Berg Kynthos, und Rineia kommt auf eine Höhe von 149 m.
Die flächenmäßige Ausdehnung beträgt für Mykonos 85 km^2, für Rineia 14 km^2 und für Dilos 3,5 km^2. Insgesamt leben 3800 Menschen auf den Inseln.
Mykonos und Dilos erfreuen sich eines außerordentlich starken Zustroms von Touristen. Einerseits sind es die herrlichen Sandstrände, die Mykonos zu einem beliebten Urlaubsziel machen, andererseits ist es die Stadt Mykonos selbst, die sich nicht nur als typischer Kykladenort, sondern auch als Treffpunkt mehr oder weniger origineller Gruppen und Einzelgänger einen weltweiten Ruf erworben hat. Schließlich ist es auch Ausgangspunkt für die Besichtigung der antiken Ausgrabungen von Dilos (Delos).
Für Sportbootfahrer wird dieses Ziel durch die gerade in diesem Revier besonders harten Nord- bis Nordostwinde im Sommer erschwert. Es kann deshalb gar nicht ausführlich genug über Ankerplätze gesprochen werden.
An der Südküste von Mykonos befinden sich zahlreiche Buchten mit Sandstrand, die bei ablandigem Wind zum Ankern geeignet sind. Wegen der Nähe zur Stadt Mykonos wird Ormos Ornos vorgezogen. – Kreuzfahrtschiffe und große Yachten ankern vor dem Hafen Mykonos im Schutz von Ak. Tourlos. – Die weite, nach Norden offene Bucht Ormos Panormos ist bei Meltemi nicht zu gebrauchen.
In den Durchfahrten zwischen Mykonos und Dilos sowie zwischen Dilos und Rineia setzt die Strömung südwärts, was eventuell bei der Routenwahl zu berücksichtigen ist.
Dilos war schon im Altertum Mittelpunkt der Kykladen, die sich wie in einem Kreis (=kyklos) um das Heiligtum scharten. Vor dreitausend Jahren entwickelte sich Dilos allmählich zu einem kultischen Zentrum, das seinen Ursprung im Mythos von der Geburt des Apollon und der Artemis auf der Insel hatte. Welch große Bedeutung Dilos für das antike Griechenland durch die Jahrhunderte behielt und welche geschichtlichen Ereignisse schließlich zu seinem Niedergang führten, mögen Interessierte in einem Kunst- und Reiseführer nachlesen. Die Nachbarinsel Rineia ist mit dem Schicksal von Dilos aufs engste verbunden.

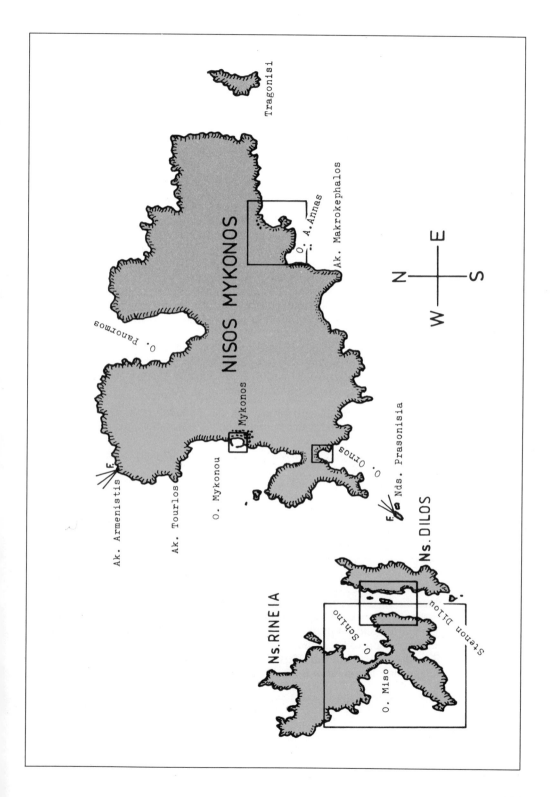

Hafen Mykonos

Ln. Mykonou, Insel Mykonos
37°27'N 025°19,6'E

An der Westküste von Mykonos, im Ormos Mykonou, befindet sich der einzige Hafen der Insel, der trotz der beiden Wellenbrecher nur geringen Schutz vor starken nördlichen Winden bietet.
Bei der Ansteuerung am Tage sind schon von weitem die Stadt und die schneeweißen Häuser an den kahlen Hängen auszumachen. Nachts wird das Anlaufen durch die Molenkopffeuer erleichtert.
Die Südmole ist den Touristenbooten vorbehalten, die vor allem in regelmäßigem Verkehr die Insel Dilos (Delos) anlaufen. Der größte Teil des Nord-Wellenbrechers ist für Fähren und Versorgungsschiffe bestimmt, nur in der östlichen Ecke sind einige Liegeplätze für Yachten. Vor der nordöstlichen Böschung befinden sich einige Liegeplätze für Sportboote, doch sind diese mit äußerster Vorsicht anzulaufen, da Felsen unter Wasser in unterschiedlicher Entfernung von den Anlegern die Wassertiefe sehr verringern. Außerdem wird durch die seitlich einfallenden Böen der Anker stark belastet, die Fähren verursachen zusätzlichen Schwell. Bei starkem Meltemi kann man das Boot hier nicht allein lassen. − Am sichersten, wenn auch nicht ruhig, liegt man im südlichen Teil des Hafens vor Anker. Hierbei sind die vor Muring liegenden Boote zu beachten.
Trotz aller Einschränkungen wird kaum ein Kykladen-Reisender Mykonos auslassen wollen. Ein besser geschützter Ankerplatz befindet sich im Ormos Ornos auf der Südseite der Insel (siehe übernächste Seite), auf dem Landweg 3 km von Mykonos-Stadt entfernt.

Hafenamt — Etwas versteckt im oberen Stockwerk der Nationalbank. Die Papiere von Charteryachten werden nicht ausgehändigt, wenn mehr als 6 Bft gemeldet sind.

Wasser/Treibstoff — Per Tankwagen; Bedarf im Café „Yacht-Club" anmelden. Krümeleis wird ebenfalls besorgt.

Lebensmittel — Reiche Auswahl in der Stadt.

Restaurants — In allen Preislagen in den Gassen und am Hafen.

Post/Telefon — Siehe Plan.

Flüge nach Athen. Fähren nach Piräus. Busse über die Insel.
Ungeachtet des überquellenden Fremdenverkehrs in der Hochsaison, der einem den Aufenthalt in der Stadt Mykonos verleiden kann, weil dann der Service an allen Ecken und Enden zu wünschen übrigläßt, wird sich jeder Besucher von der Lage des Ortes am Meer und von den verschiedenen Ausblicken über die Inseln faszinieren lassen. Den ganzen Zauber des Ortes mit seinem sauberen engen Gassengewirr und den anmutigen Häuschen, mit den lauschigen Gärten und stimmungsvollen Lokalen kann man in den ruhigeren Monaten der Saison voll genießen.
Besuchenswert sind das Museum und unter den zahlreichen Kapellen die wegen ihrer besonderen Bauform auffallende Kirche Paraportiani am Meer.

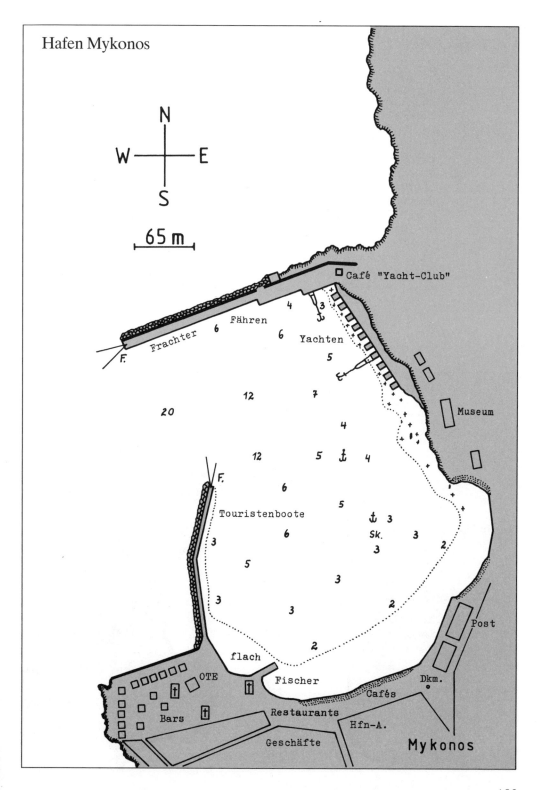

Ormos Ornos

Insel Mykonos
37°25,3'N 025°19,5'E

Sehr gut geschützte Bucht mit hübschen Ferienhäusern und Hotels an der Südküste von Mykonos. Bei starkem Meltemi liegt man hier weitaus besser als im Hafen Mykonos.

Die Ansteuerung ist evtl. auch nachts möglich, denn die vielen Lichter an Land erleichtern dann die Orientierung. Die Bucht ist frei von Untiefen, der Grund steigt erst dicht vor dem Sandstrand aus größerer Tiefe an. Ankergrund harter Sand, teilweise mit Seegras bewachsen. Bei starken nördlichen Winden ist es ratsam, einen zweiten Anker auszubringen, vor allem, wenn man das Boot für längere Zeit allein läßt. Je nach Tiefgang kann man nahe an den Sandstrand heranfahren und lange Leinen zu den Tamarisken oder zu einem der drei Betonpoller ausbringen.

Durch die Hotels herrscht reger Badebetrieb. Versorgung nur in Mykonos (ca. 3 km). Häufige Busverbindung und Taxi.

Am Strand Restaurants und ein Café. Telefon mit Zähluhr im Hotel. Duschen am Strand. Wasser notfalls per Kanister von den Restaurants.

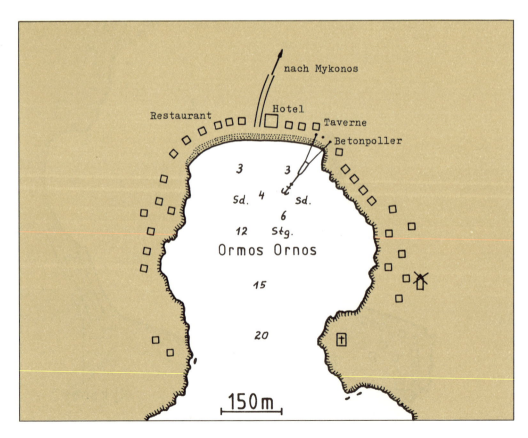

Ormos A. Annas

Insel Mykonos
37°25,9'N 025°24,4'E

In dieser Bucht befindet sich ein Ladeplatz für Frachter, mehrere Festmachetonnen liegen aus. Bei der Ansteuerung ist auf die Klippe zu achten, die 0,7 sm vom Scheitel der Bucht entfernt liegt und in den Seekarten D 670 und D 673 deutlich zu erkennen ist, im Detailplan aber wegen des Maßstabes nicht mehr erscheint.

Am Sandstrand einige Ferienhäuser und eine Kapelle. Nächste Versorgungsmöglichkeit in Ano Mera.

Westlich der kleinen Halbinsel **Ak. Tarsanas** besteht ebenfalls eine Ankermöglichkeit. Diese schmälere und tiefer einschneidende Bucht wird nach der Kapelle ebenfalls „A. Anna" genannt. Auch hier Sandgrund und Sandstrand. Die Einbuchtung nördlich von Ak. Tarsanas, **„Kalafatis-Beach"** genannt, hat in ihrer westlichen Hälfte gefährliche Klippenfelder. Der Ankergrund nahe der großen Hotelanlage ist reiner Sand. Die kurze Pier hat 1–1,50 m Wassertiefe. Bei starken nördlichen Winden ist freies Ankern nahe der Pier am günstigsten.

Die große Hotelanlage hat neben Swimmingpool und Restaurant am Strand eine Snack-Bar.

Busverbindung mit Ano Mera und Mykonos-Stadt.

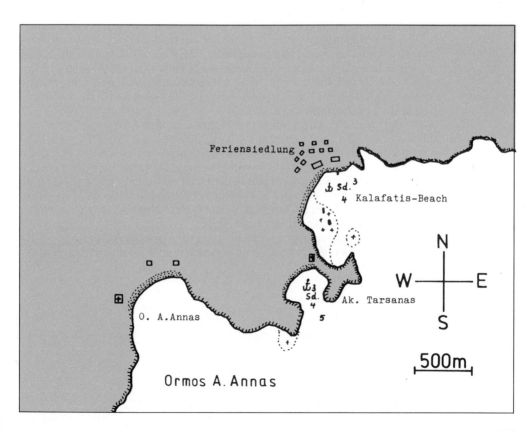

Durchfahrt Stenon Dilou mit Fourni-Bucht

Die Durchfahrt zwischen Nisis Rineia und Nisis Dilos ist westlich der beiden kleinen Inseln Remmatia ohne Gefahr möglich. Auch östlich der größeren, südlich gelegenen Remmati-Insel ist das Fahrwasser in der Mitte tief genug, so daß man von Norden oder Süden kommend allmählich unter ständigem Loten auf den **Anleger Dilos** einschwenken kann. Von Norden kommend muß man großen Abstand von der Landzunge halten, hinter der sich der Anleger befindet. Teile einer alten Mole reichen unter Wasser weit hinaus. Die Durchfahrt zwischen Dilos und der kleineren, nördlich gelegenen Insel Remmati sollte man ohne Ortskenntnis nicht wagen.

Das Ausgrabungsgelände von Delos ist eingezäunt und darf nur bei der Kasse Nähe Anleger betreten werden. Da der Anleger im antiken Hafengebiet von den ständig verkehrenden Touristenbooten aus Mykonos, Paros und Naxos sowie von den Zubringerbooten der Kreuzfahrtschiffe, die weit draußen ankern müssen, beansprucht wird, dürfen Yachten hier nicht anlegen. Auch freies Ankern ist nicht erlaubt, da der ohnehin beengte Raum zum Manövrieren benötigt wird. Gegebenenfalls kann man südwestlich des Anlegers ankern und eine lange Leine zur Landzunge ausbringen. Die Zufahrt zum Anleger darf aber nicht behindert werden.

Wegen dieser unsicheren Lage sollte das Boot nicht ohne Aufsicht gelassen werden, denn die Besichtigung der Ausgrabungen und des Museums sowie die Besteigung des Berges Kynthos erfordern viel Zeit.

Die Ausgrabungsstätte wird um 15 Uhr geschlossen; danach darf die Insel nicht mehr angelaufen werden. Auch Ankern in der Fourni-Bucht ist dann nicht mehr erlaubt. Unter diesen ungünstigen Umständen ist zu überlegen, ob man den Besuch der Ausgrabungsstätte nicht besser mit einem Ausflugsboot von Mykonos aus unternimmt. Eine andere Lösung wäre vielleicht, interessierte Crewmitglieder beim Anleger aussteigen zu lassen und in der Zwischenzeit in der Fourni-Bucht zu ankern.

Die allgemein als **„Fourni-Bucht"** bekannte, in den Seekarten D 670 und D 673 namentlich nicht erwähnte Einbuchtung an der Westküste der Insel Dilos auf 37°23,4'N 025°16'E ist gegen Meltemi bestens geschützt. Platz zum Schwojen ist für mehrere Yachten vorhanden. Ankergrund auf 3–4 m Wassertiefe gut haltender Sand. Zum Sandstrand hin besteht der Grund aus stufigen Felsplatten. Das Betreten der Insel von der Fourni-Bucht aus ist nicht gestattet. Sie kommt also nur als Tagesankerplatz in Betracht. Für die Übernachtung empfiehlt sich die Südbucht der Insel Rineia.

Bei westlichen und südlichen Winden kann man einen der Ankerplätze an der Ostseite von Rineia im Ormos Schino wahrnehmen (siehe übernächste Seite).

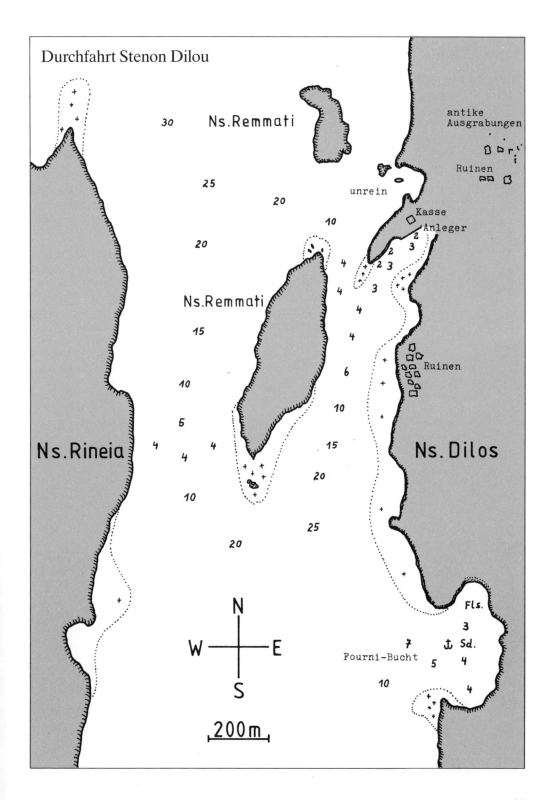

Ankerplätze Insel Rineia

Ormos Miso, 37°24′N 025°13,8′E, auf der Westseite der Insel, ist zu Badeaufenthalt und Übernachtung bei ruhigem Wetter gut geeignet.
Bei der Ansteuerung der verschiedenen Sandbuchten achte man auf die Klippen, die den einzelnen Felszungen noch unter Wasser vorgelagert sind.
Man ankert auf Sicht über einer der zahlreichen Sandflächen, die mit Felsplatten durchsetzt sind.

Die **Südbucht** auf 37°23,1′N 025°14,2′E schneidet tief nach Norden ein und bietet bei Meltemi ausgezeichneten Schutz und genügend Raum zum Schwojen. Ankergrund gut haltender Sand und Mud, teilweise Seegras. Bei West- oder Südwind kann man in den Ormos Schino ausweichen.

Ormos Schino, die Bucht auf der Ostseite der Landenge, hat verschiedene Einschnitte, die guten Schutz vor allem bei westlichen und südlichen Winden bieten. Der Sandgrund ist an der Wasserfärbung gut zu erkennen. Die Ansteuerung sollte mit Sicht auf den Grund und unter ständigem Loten erfolgen, da die einzelnen Landzungen von Klippen umgeben sind, die weit unter Wasser hinausragen. Von einem nächtlichen Anlaufen ist abzuraten.
Die nördliche Einbuchtung auf 37°25′N 025°14,4′E, südwestlich der kleinen Insel gelegen, hat vor einem Bauernhaus einen kleinen Anleger mit einer Wassertiefe von 2,50 m davor. Ankergrund ist Sand. Keinerlei Versorgungsmöglichkeiten.

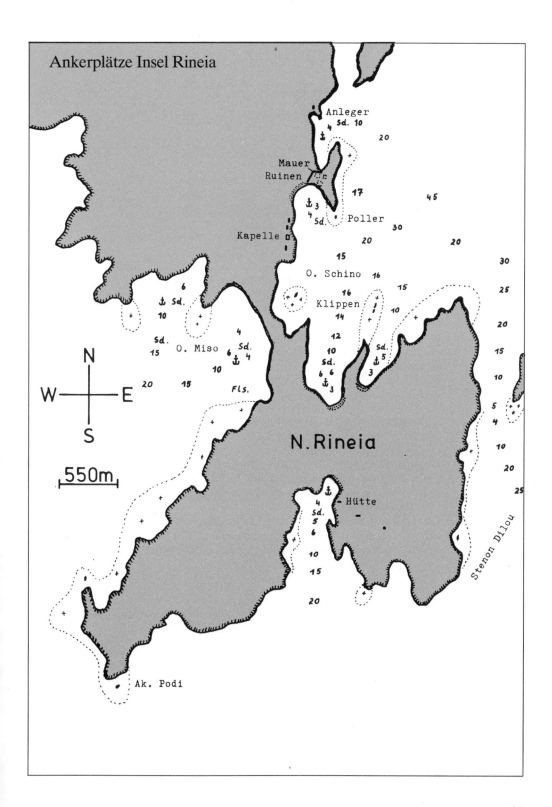

Inseln Paros, Antiparos und Despotiko

Seekarten D 671 und 1090

Paros: etwa 200 km^2, 770 m hoch, 8000 Bewohner;
Antiparos: 34 km^2, 300 m hoch, 700 Bewohner;
Despotiko: 8 km^2, 195 m hoch, unbewohnt.

Dies sind die nüchternen Zahlen der Inseln. Während Despotiko nur als westliche Begrenzung des Ankerplatzes Ormos Despotikou (Durchfahrt siehe dort!) für uns interessant ist, bietet die Insel Antiparos mit ihren vielen Sandstränden auch dem Sportbootfahrer schöne Badeplätze, die allerdings nur bei ganz ruhiger See und mit Sicht auf den Grund angelaufen werden können.
Äußerste Vorsicht ist im Stenon Antiparou (siehe Plan B der D 1090) geboten, der mit Klippen und Sandbänken gespickt ist. Schon bei mäßigem Seegang sollte die Durchfahrt nicht riskiert werden. Die Klippen und Felsinseln vor dem Hafen Paros sind in der Seekarte D 671 und im Plan B der D 1090 deutlich zu erkennen.
Die Passage zwischen Paros und Naxos wird in Süd-Nord-Richtung durch die herrschende Strömung von 1,5 sm/h bei starken Nordwinden erschwert.
Nicht nur die Bucht Ormos Naousis an der Nordseite von Paros hat schöne Ankerplätze, auch an der Ost- und Südküste ist manch gute Ankerbucht, die je nach Wetterlage mehr oder weniger geeignet ist, z. B. Ormos Marmara, Ormos Trio (ohne Plan).
Die Insel Paros ist in ihrer Mitte bergig, zu den Küsten hin (außer im Nordwesten) flacht sie in hügeliges Gelände und weite Ebenen ab, die − da wasserreich − sehr gut bewirtschaftet werden; es gedeihen Getreide, Wein, Tabak, Obst und Gemüse.
Berühmt war im Altertum der parische Marmor wegen seiner Durchsichtigkeit. Schönste Bildwerke wurden aus ihm geschaffen, und über den ganzen Mittelmeerraum wurde das begehrte Material exportiert.

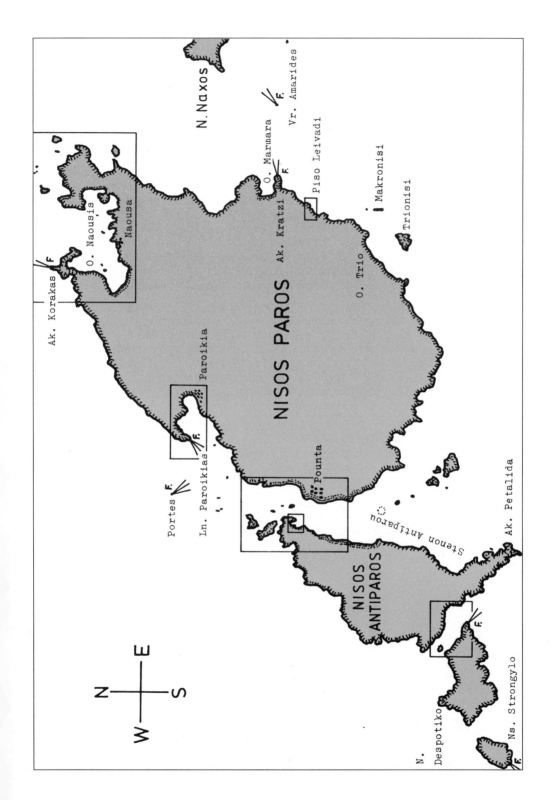

Hafen Naousa

Ormos Naousis, Insel Paros
37°07,7′N 025°14,3′E

Der Hafen Naousa, an der Nordseite der Insel gelegen, bietet seit der Aufschüttung der Wellenbrecher zwar besseren Schutz, der Kai ist jedoch mit vielen Fischer- und Ausflugsbooten belegt.

Bei der Ansteuerung am Tage ist schon von weitem die Steinschüttung zu erkennen, nachts sind die Molenköpfe befeuert.

Da die Ausflugsboote am Kai dicht gedrängt im Päckchen liegen, können Yachten höchstens in der südlichen Ecke anlegen, und zwar gemäß Schild von 19 Uhr bis 8.30 Uhr; dort können auch Wasser und Treibstoff vom Tankwagen gebunkert werden. Ansonsten gehen Yachten, vor Anker liegend, mit Leinen an die nördliche Steinschüttung (Ringe vorhanden). Ankergrund Schlick und Steine. Bei Meltemi liegt man dort durch den Schwell unruhig. Spritzwasser kommt über die Steine. Man kann über die Steinschüttung an Land gelangen.

Bei ganz ruhiger Wetterlage können Yachten vor dem Hafen ankern.

Das innere alte Hafenbecken ist Fischerbooten vorbehalten.

Hafenamt	Kontrolle der Schiffspapiere und Entrichtung einer geringen Gebühr.
Wasser	Zu bestimmten Zeiten aus dem Tankwagen (abkochen).
Treibstoff	Diesel und auf Bestellung Super per Tankwagen am südlichen Kaiende (Telefonnummer auf dem Schild am Wasserwagen). Tankstelle am Ortsausgang (ca. 1 km).
Lebensmittel	Beste Auswahl. Stangeneis von den Fischern zu erfragen.
Restaurants	Zahlreiche Tavernen rund um den Hafen und im Ort.
Post/Telefon	Post im Ort, Telefon an einem Kiosk.

Busverbindung mit Paroikia. Organisierte Fahrten zum Tal der Schmetterlinge. Bootsfahrten nach Dilos.

Naousa ist ein außerordentlich stimmungsvoller Hafen mit verwinkelten Gassen und vielen weißen Kapellen. Trotz des lebhaften Fremdenverkehrs herrscht hier eine angenehme Atmosphäre.

Wer einen stillen, gut geschützten Ankerplatz sucht, kann in der weiten Bucht Ormos Naousis je nach Windrichtung mehrere Möglichkeiten wahrnehmen, z. B. im nordwestlichen Teil im Ormos A. Ioannou auf bestem Sandgrund, im Osten im Ormos Langeri (Untiefe von 1,70 m beachten!) oder im Südwesten im Ormos Plastira hinter der kleinen Insel mit Kapelle.

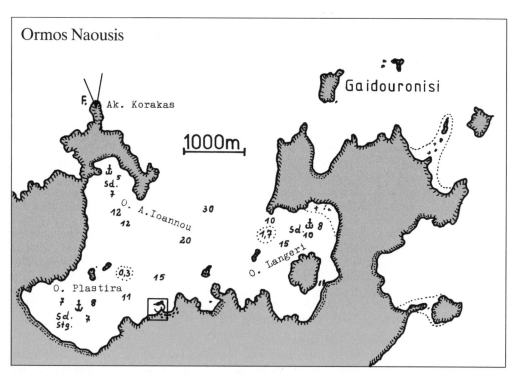

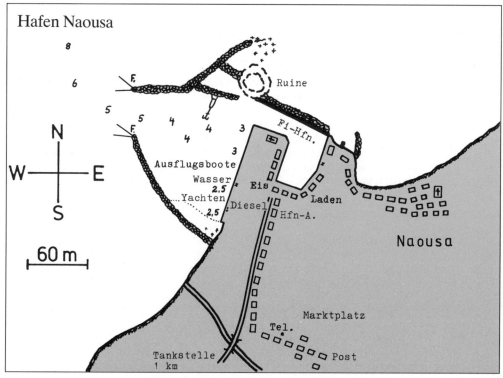

Hafen Paroikia (Paros)

Ln. Paroikias, Insel Paros
37°05,3′N 025°09′E

Paros ist der Haupthafen der Insel. Er wird täglich von zahlreichen Fähren und Ausflugsbooten angelaufen. Dadurch sind die Kaianlagen einem ständigen Schwell ausgesetzt. Auch durch die nördlichen Winde liegt man sehr unruhig. Notfalls kann man in die nördlichen Buchten des Ln. Paroikias ausweichen.
Bei der Ansteuerung des Hafens muß genau navigiert werden, um den Klippen und Felsinseln, die in der Seekarte D 671 und in Plan B der D 1090 deutlich zu erkennen sind, aus dem Weg zu gehen. Bei der nächtlichen Ansteuerung sind die Leuchtfeuer von Ak. Phokas und der Felsklippe Yph. Paroikia eine gute Navigationshilfe. Yph. Paroikia läßt man bei der Ansteuerung des Hafens besser an Steuerbord liegen. Beide Molenköpfe des Fischerhafens sind befeuert.
Yachten legen im allgemeinen an der Außenseite des Fischerhafens an, wo die Wassertiefe um 3 m beträgt. Bei auflandigem Wind und wegen des Schwells sollte man viel Kette stecken und genügend Abstand zur Mole halten. Wenn Platz vorhanden, können Yachten auch an der Innenseite der Mole bei 3 m Wassertiefe festmachen. Der östliche und flache südliche Teil ist für die Fischer und kleinen Ausflugsboote bestimmt. Auf die angegebenen Wassertiefen kann man nicht blindlings vertrauen, weil der Fischerhafen zum Verlanden neigt.

Hafenamt — Kontrolle der Schiffspapiere.
Wasser — Anschluß auf der Mole des Fischerhafens (wegen der undefinierbaren Zuleitung nicht ungekocht trinken). Im Hafenamt nach Wasserwart fragen, der auch Diesel und Eis besorgt.
Treibstoff — Tankstellen am Ortsausgang.
Lebensmittel — Supermarkt am Hafen, zahlreiche Geschäfte in der Stadt.
Restaurants — In Hafennähe und im Ort.
Post/Telefon — Siehe Plan.

Fährverbindung mit Piräus und mit anderen Inseln. Bootsverkehr nach Antiparos. Busse über die Insel. Busfahrten zum Tal der Schmetterlinge werden angeboten.
Paros ist Sammelpunkt für viele Urlauber, die sich über die einzelnen Inselorte verteilen. Das Städtchen mit seinen lauschigen Gassen hat eine sympathische Atmosphäre. Äußerst sehenswert ist die Kirche Hekatontapiliani (oder Katapoliani), wohl die stimmungsvollste Kirche der Kykladen überhaupt; ihre ältesten Bauteile reichen bis ins 5. Jahrhundert zurück.

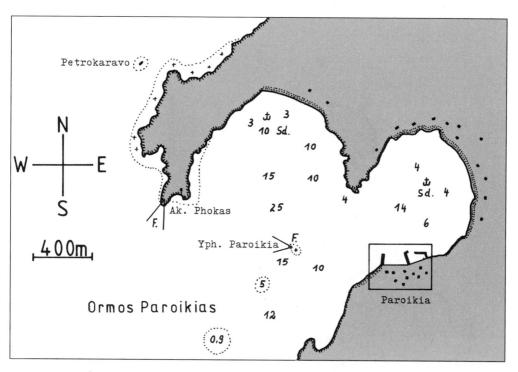
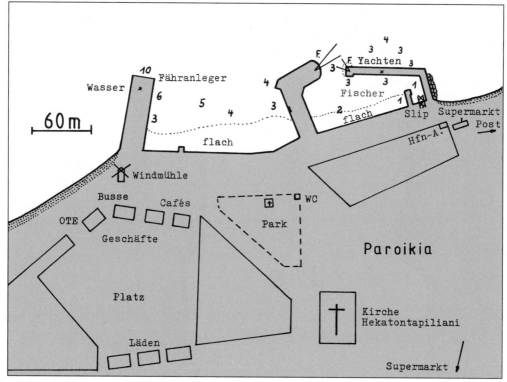

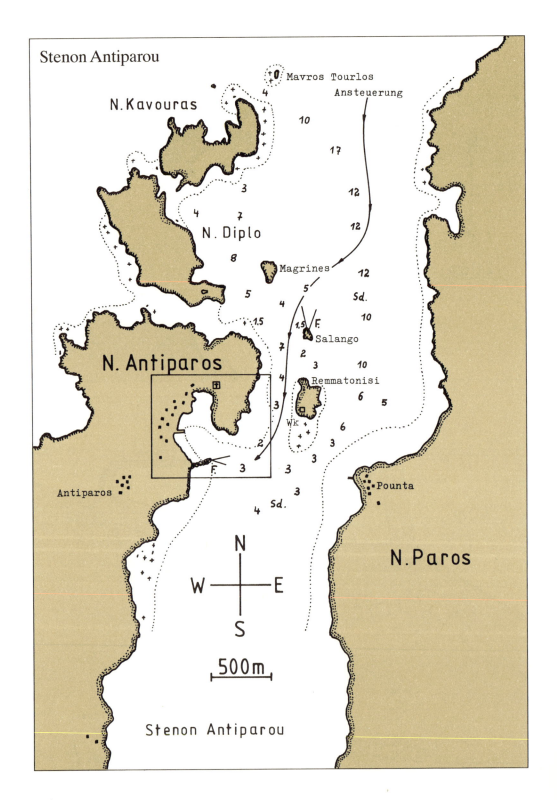

Ankerplatz Antiparos im Stenon Antiparou

37°02,5′N 025°05′E

Diesen Ankerplatz können Yachten mit mehr als 2 m Tiefgang nur von Süden her, durch den Stenon Antiparou, anlaufen. Auch flachergehende Boote sollten die beiden Durchfahrten bei Remmatonisi nicht bei Seegang, sondern nur bei ruhiger See mit guter Sicht auf den Grund unter ständigem Loten langsam passieren. Die mit Pfeil eingezeichnete Route wird von Ausflugsbooten benutzt. Ich selbst habe in der südöstlichen Durchfahrt nicht weniger als 2,50−3 m Wassertiefe gelotet, doch raten auch Einheimische wegen der rasch wechselnden Wassertiefen von der Passage ab.

Plan D der 1090 ist unentbehrlich; er zeigt die genaue Lage des Kabels und der Rohrleitung, die beim Ankern südlich des Hafens zu meiden sind. Die Zufahrt darf nicht behindert werden, da zahlreiche Ausflugsboote Antiparos anlaufen; außerdem pendelt eine Fähre zwischen Pounta und Antiparos. Man wird also innerhalb der zu den Rändern rasch flach werdenden kleinen Hafenbucht kaum einen Platz finden.

An der Wurzel der Pier gibt es einen Wasserhahn. Restaurants, Cafés und eine Bäckerei sind in der Nähe, Geldwechsel und Poststelle im Olympic-Büro, Telefon am Kiosk Nähe Pier. Treibstoff nicht erhältlich, denn auf der Insel gibt es nur Kleinfahrzeuge und einen Bus. Antiparos wird wegen seiner schönen Sandstrände und einer Tropfsteinhöhle gern besucht. Der Hauptort (auch Kastro) liegt etwas landeinwärts.

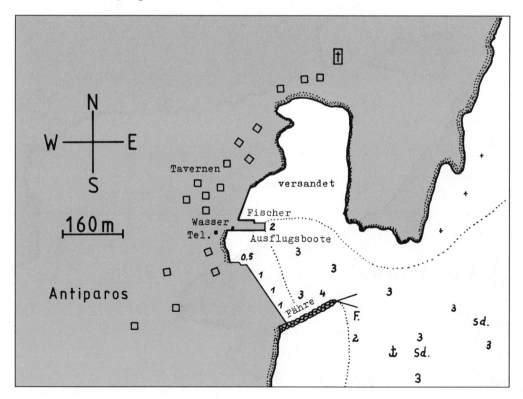

Ormos Despotikou

36°58,3′N 025°01,7′E

Achtung — Die Durchfahrt östlich und westlich der kleinen Insel Tsimintiri ist nur Booten mit geringem Tiefgang möglich. Wegen des dichten Seegrasbewuchses können die angegebenen Wassertiefen streckenweise geringer sein.

Der Ankerplatz südöstlich N. Tsimintiri ist bei Meltemi gut geschützt, obwohl der Wind hier stärker durch die Enge zwischen Antiparos und Despotiko gepreßt wird. Bei der Ansteuerung von Süden ist am Tage die auffällige Steilküste von Ak. Mastichi behilflich, nachts das Leuchtfeuer auf Ak. Koutsouras. Die Bucht bietet genügend Ankerplätze, am günstigsten ankert man in der Nähe der an Muringbojen liegenden Fischerboote. Der Anker hält gut, Grund ist Sand mit Seegrasstellen.

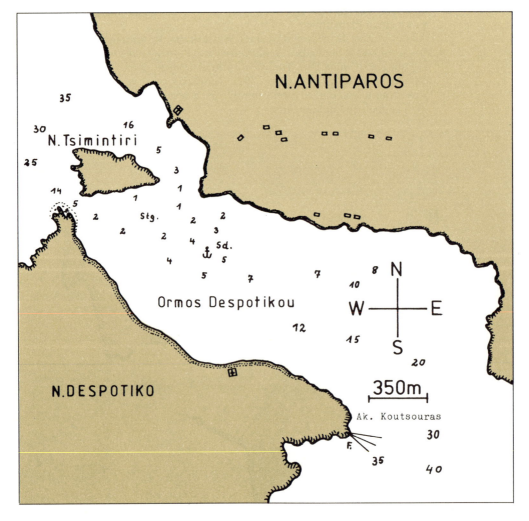

Hafen Piso Leivadi

Ormos Marpissa, Insel Paros
37°02′N 025°15,7′E

Bei der Ansteuerung dieses an der Ostküste von Paros gelegenen Hafens ist zu beachten, daß der Grund etwa 3 kbl südöstlich bis östlich des Wellenbrechers unrein ist und die Wassertiefen zwischen 0,20 und 4 m schwanken (siehe Plan A der D 1090). Der Wellenbrecher ist nicht befeuert.

Hinter dem Wellenbrecher sind in der Einfahrt 5 m Wassertiefe und Sandgrund. Zur Pier hin wird der Grund felsig, die Wassertiefe nimmt langsam ab und beträgt am Kopf der Pier 2 m. Wenn keine Fähre zu erwarten ist, kann man dort festmachen oder im Schutz des Wellenbrechers ankern. Hinter der Pier läuft die Bucht flach aus.

Lebensmittel — Ein bescheidener Laden mit Lebensmitteln und Getränken.
Restaurants — Mehrere Tavernen.
Post/Telefon — In Marpissa (30 min Fußweg oder per Taxi), von dort Busverbindung mit Paroikia.

Piso Leivadi ist als Urlaubsort sehr beliebt. Wer die Marmorbrüche von Marathi besichtigen möchte, startet am besten von hier mit dem Taxi, da man sie in der Landschaft ohne Führung schwer findet.

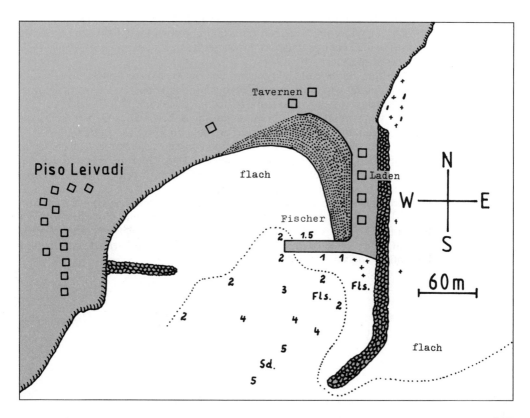

Insel Naxos und die Erimonisia

Seekarten D 673 und 1090

Naxos ist die größte, fruchtbarste und reichste Insel der Kykladen (430 km^2). Sie hat etwa 17 000 Bewohner, die in der Stadt Naxos und in etwa 50 Inselorten leben.

Hohe Bergrücken bis zu 1008 m (Oros Zevs, auch Zia) durchziehen das Inselinnere. Im Nordwesten und Osten ist die Küste steil abfallend, von tiefen Tälern unterbrochen; die Südwestküste dagegen läuft sanft aus. Im ganzen ist die Insel landwirtschaftlich bestens genutzt, es werden Getreide, Wein, Obst, Gemüse und Öl ausgeführt. Weitere Exportgüter sind Marmor und Schmirgel. Der Fremdenverkehr kann im Verhältnis zur Größe der Insel als mäßig bezeichnet werden.

Obwohl der Sommerwind in diesem Gebiet vorwiegend aus Nord bis Nordost kommt, habe ich wiederholt in der Nähe der Insel Nordwestwinde festgestellt. Der Seegang lief dabei jedoch eindeutig aus nordöstlicher Richtung. Bei der Durchfahrt zwischen Naxos und Paros kann eine Strömung von 1,5 kn in südliche Richtung setzen. Der Wind wird hier durch die Düse verstärkt und weht aus Nord bis Nordost.

Sehr unangenehm zeigt sich der Seegang westlich und östlich von Kap Stavros, wo sich der Wind offensichtlich staut und nur noch totes Gewell zurückläßt. Hier sollte man genügend Abstand von der Küste halten und notfalls nicht mit Motorkraft sparen.

Ausgedehnte Sandstrände liegen an der Südwestküste von Naxos. Dieser Küstenabschnitt wird nicht besonders behandelt, denn er ist leicht anzulaufen, wenn man die vorgelagerten Klippen nach der Seekarte D 673 beachtet.

Von den vorstehenden Einschränkungen abgesehen, ist das Gebiet um Naxos und die sogenannten Erimonisia sehr ergiebig für Sportbootfahrer.

Ormos Moutsouna an der Ostseite wurde von mir nicht besucht, doch dürfte dort ebenfalls Ankermöglichkeit bestehen. Das Mittelmeer-Handbuch Nr. 2030 erwähnt erschwerte Ladearbeiten von Schmirgelsteinen bei nördlichem Wind, also Dünung in der Bucht.

Die **Erimonisia,** die kleinen Inseln östlich und südöstlich von Naxos, von denen Donousa (Denousa) getrennt behandelt wird, sind ein sehr reizvolles Revier für Yachten, weil zwischen den einzelnen Ankerplätzen geringe Entfernungen liegen und weil die Inseln vom Tourismus fast unberührt sind. In ihrer Formation sind sie sehr unterschiedlich.

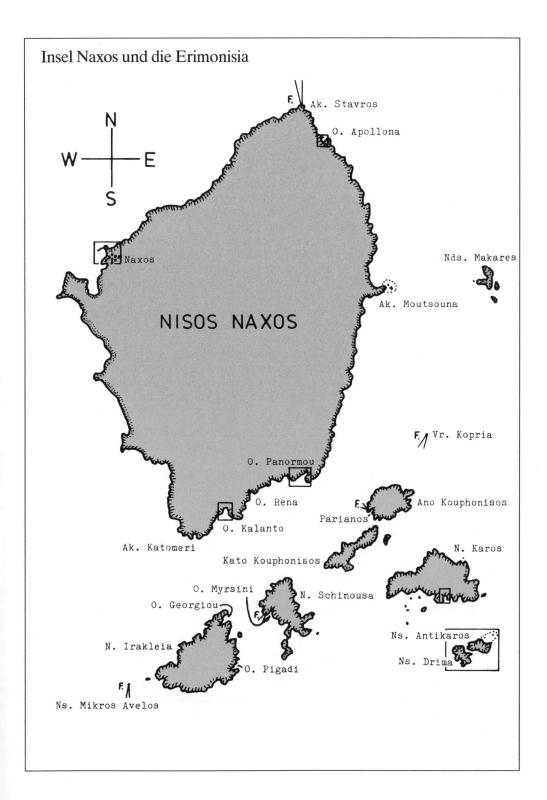

Hafen Naxos

Ormos Naxou, Insel Naxos
37°06,5′N 025°22,2′E

Bei Meltemi nur schlecht geschützter Hafen, da reflektierender Seegang das Liegen ungemütlich macht. Starker Schwell entsteht außerdem durch die manchmal rücksichtslos einlaufenden Fähren, weshalb man beim Landgang sein Boot mit langen Leinen zur Pier belegen sollte. Immer wieder ist von Schäden zu hören, die Yachten an Heck oder Bug erlitten, weil diese Lage nicht genügend bekannt war oder berücksichtigt wurde.

Die Ansteuerung ist denkbar einfach. Bei Tag sieht man von weitem den weißen Ort auf dem Hügel und das auffällige Tempeltor auf der Halbinsel Ns. Apollonos; von hier führt ein langer Wellenbrecher in südwestliche Richtung, dessen Kopf nachts befeuert ist.

Yachten wird im allgemeinen vom Hafenkapitän ein Platz zugewiesen, meist an der Innen- oder Außenseite der L-förmigen Pier. Beide Plätze sind ständigem Schwell ausgesetzt. Am Fähranleger darf man nur zum Wasserbunkern anlegen, notfalls muß man vorübergehend an der Außenseite des Fährkais festmachen.

Trotz der Hafenveränderungen sind keine sicheren und ruhigen Anlegeplätze vorhanden. Es ist fraglich, ob die geplante Mole (Baubeginn 1993) Abhilfe schaffen wird.

Am besten ankert man im Außenhafen, geschützt durch den langen Wellenbrecher. Auf die begrenzten Untiefen ist zu achten. Das Unterwasserkabel verläuft im Abstand von ca. 20 m von der Steinschüttung und nicht mitten durch den Hafen, wie in Plan F der D 1090 ersichtlich. Als Orientierungspunkt für den Verlauf dient das Schalthäuschen links neben der Disco.

Hafenamt — Siehe Plan (Eingang auf der Rückseite). Kontrolle der Papiere.
Wasser — Gegen Bezahlung am Fährkai oder per Kanister vom öffentlichen Wasserhahn in der Nähe.
Treibstoff — Wird angeliefert (am Fährkai zu erfragen). Tankstelle an der Wasserfront.
Lebensmittel — Beste Auswahl in der Stadt, besonders in den Seitengassen großes Angebot an Obst und Gemüse. Stangeneis wird geliefert.
Restaurants — Viele gute Lokale am Hafen und in den Gassen.
Post — In der Hauptstraße.
Telefon — Beim nächsten Kiosk oder OTE in der Stadt.

Fähren nach Piräus über verschiedene Inseln. Busse zu den Inselorten.

Naxos ist eine lebendige Stadt mit starkem Fremdenverkehr. Die Altstadt hat malerische Gassen, die in den letzten Jahren immer hübscher hergerichtet wurden. Auch viele ehemals verfallene Grundstücke im Bereich des Kastells wurden hervorragend restauriert, so daß die obere Altstadt äußerst stimmungsvoll wirkt.

Ein Ausweichankerplatz befindet sich im **Ormos A. Prokopiou,** etwa 3 sm südwestlich gelegen. Obwohl weit offen, ist diese Bucht bei den vorherrschenden nördlichen Winden gut geschützt. Das vorspringende Kap hält Seegang ab. Ankergrund Sand. Am Ufer einige einfache Tavernen. Vom ca. 500 m südlich gelegenen Ort A. Ana häufige Busverbindung mit Naxos. Geringe Einkaufsmöglichkeiten.

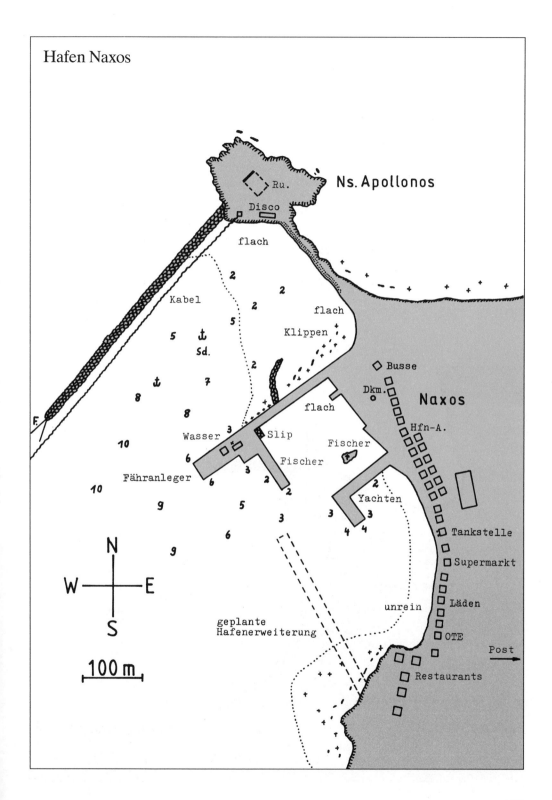

Ormos Apollona

Insel Naxos
37°10,9′N 025°33,3′E

Diese Bucht liegt an der Nordostseite von Naxos, 1,6 sm vom nördlichen Kap Ak. Stavros entfernt. Sie bietet bei nördlichen Winden keinerlei Schutz. Schon bei einer leichten Brise entsteht Schwell, der sich aufschaukelt und ein Ankerliegen äußerst ungemütlich macht. Durch die ständige Bewegung ist nicht nur die Mole abgesackt, auch die Bucht versandet immer mehr.

Nur bei absoluter Flaute oder leichtem ablandigem Wind könnte man einen kurzen Aufenthalt in dieser Bucht wagen; zur Übernachtung ist sie auf keinen Fall geeignet.

In 15 min Fußmarsch kann man den Marmorbruch erreichen, in dem seit der Antike eine unvollendete, kolossale Statue liegt. Es ist nicht geklärt, ob das Standbild Apollo oder Dionysos darstellt. Die Einheimischen nennen es einfach „Kuros"; so lauten auch die Wegweiser dorthin.

Der Ort Apollon liegt reizvoll auf der Halbinsel und um die Bucht verstreut. Er ist als Ausflugsziel sehr beliebt und hat entsprechend viele gute Tavernen.

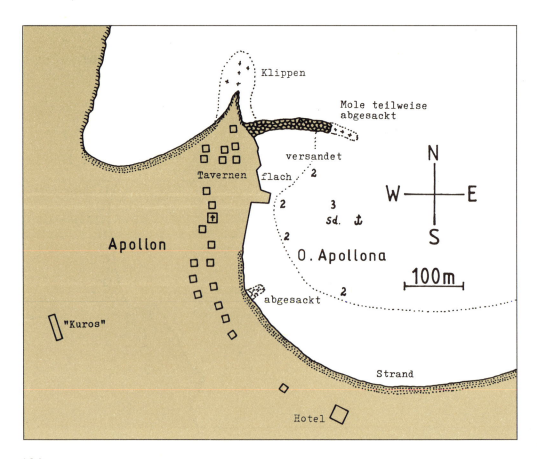

Ormos Panormou

Insel Naxos
36°57,5′N 025°32,2′E

Tief nach Nordosten einschneidende Bucht an der Südküste von Naxos. Bei der Ansteuerung muß man auf die Klippen Vr. Dilos, ca. 0,7 sm südwestlich, achten, die schwer zu erkennen sind. Die geringste Wassertiefe beträgt dort etwa 2,50 bis 3 m.

Die Bucht selbst ist frei von Untiefen und endet in einem Sand-Kies-Strand. Man ankert auf beliebiger Wassertiefe über hartem Sandgrund mit Steinen. Nicht immer hält der Anker sofort. Bei Meltemi liegt man hier ruhig und sicher.

Am Strand die Hütte eines Schäfers. Eine Schafherde — sonst große Einsamkeit.

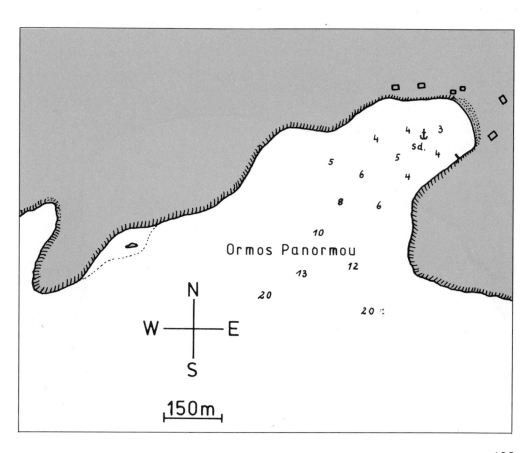

Ormos Kalanto

Insel Naxos
36°56,1′N 025°28,4′E

An der Südküste von Naxos befindet sich diese weiträumige Bucht, die guten Schutz bei nördlichen Winden und Seegang bietet, wenn auch leichte umlaufende Dünung zu bemerken ist. Die Fallböen können sehr heftig sein.

Man kann nahe dem Sandstrand ankern, der Ankergrund ist gut haltender feiner Sand.

Das Gelände ringsum steigt allmählich an. Hinter dem Sandstrand dichte Oleanderbüsche, an der Ostflanke ein paar Häuser. Keinerlei Versorgung.

Ormos Rena (ohne Plan) − 36°56,8′N 025°29,6′E

1,5 sm nordöstlich von Ormos Kalanto liegt diese nach Osten sehr offene Bucht, die nur bei ruhigem Wetter für einen Badeaufenthalt geeignet ist. Auch hier nehmen die Wassertiefen gleichmäßig ab, Ankergrund Sand.

Großer Kieselstrand im Scheitel der Bucht, ein Bauerngehöft, ein Haus an der Nordflanke.

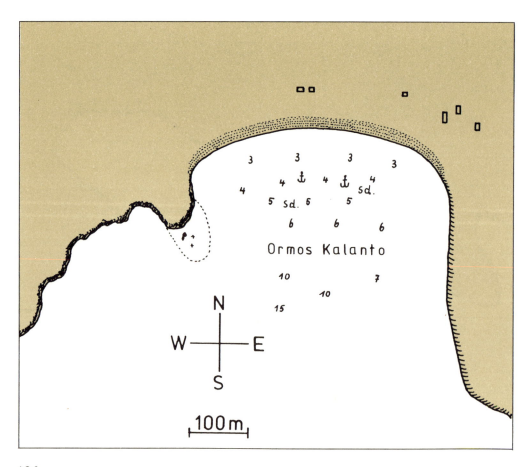

Ormos A. Georgiou

Insel Irakleia
36°51,7′N 025°28,1′E

Im Norden der hohen Insel Irakleia schneidet diese Bucht weit nach Südwesten ins Land ein. Bei der Ansteuerung ist zu beachten, daß das Leuchtfeuer nicht wie in der Seekarte D 673 im Inneren der Bucht, sondern auf dem nördlichsten Kap steht.
Die Wassertiefe nimmt zum Scheitel der Bucht, die in einem Sandstrand endet, gleichmäßig ab. Ankergrund ist Sand mit Steinen. Bei kräftigem Meltemi, der in der Bucht als Nordwestwind auftritt (!), herrscht starke Dünung aus Nordostrichtung.
Die Fährpier an der Südflanke der Bucht wird verlängert; 1992 lagen die Blöcke dicht unter Wasser. Nach Fertigstellung dürfte es auch für Yachten Anlegemöglichkeiten geben. Bis dahin ist die Bucht zum Übernachten nicht zu empfehlen.
Sicherer liegt man in der nur 2 sm entfernten Myrsini-Bucht auf Schinousa (siehe nächste Seite).
Der schon von weitem sehr anmutige Ort ist sauber und urwüchsig, hat wenig Fremdenverkehr, nur ein Restaurant und ein Kafenion mit Grundnahrungsmitteln und Telefonanschluß. Das Fährboot von Naxos bringt gelegentlich ein paar Urlauber mit.

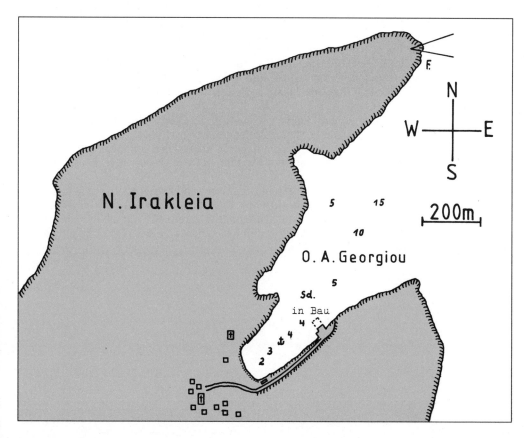

Ormos Pigadi

Insel Irakleia
(ohne Plan) 36°50′N 025°28,6′E

Eine schöne, zwischen hohen felsigen Ufern liegende Bucht an der Ostseite von Irakleia, in einem groben Kiesstrand endend, wo nur ein Fischerschuppen steht. Bei der Einfahrt bis zum letzten Drittel ist der Grund sandig und wird dann steinig und felsig. Ein paar Fischerkähne liegen hier. Der Platz ist zum Schwojen zu eng, eventuell Leinen zum Land ausbringen.
Auch bei vorherrschenden nördlichen Winden kommt der Wind in der Bucht aus Westen über den Berg, so daß das Wasser geglättet ist.

Ormos Myrsini

Insel Schinousa
36°52,2′N 025°30,5′E

Gegen nördliche Winde und Seegang sehr gut geschützte Bucht an der Südwestseite von Schinousa. Die Ansteuerung macht bei Tag und Nacht keine Schwierigkeiten. Ein Leuchtfeuer brennt auf der westlichen Einfahrtshuk. Die Bucht ist frei von Untiefen, die Wassertiefen nehmen zum Strand und zum Ufer hin gleichmäßig ab. Ankergrund ist Sand mit Steinen und Mud.
Durch die Verbreiterung des Kais für die Fähre ist etwas mehr Platz für Yachten entstanden. Wenn keine Fähre zu erwarten ist, kann man anlegen. Poller sind jedoch rar. Ansonsten liegt man ungestört im Norden der Bucht auf beliebiger Wassertiefe.
Nur eine Taverne und ein paar Häuser in der Bucht. Zum Hauptort der Insel etwa 1 km, dort gibt es Post, Telefon und Lebensmittel.
Ormos Myrsini ist nicht nur ein sicherer Ankerplatz, sondern auch sehr schön gelegen, so daß man hier bei Meltemi getrost eine längere Pause einlegen kann.
Auch die Buchten in südöstlicher Richtung sind zum Ankern gut geeignet.
Während eine Durchfahrt zwischen Schinousa und Ns. Agrilos nicht möglich ist (in der Seekarte D 673 nicht deutlich zu erkennen), hat die Durchfahrt zwischen Ns. Agrilos und Ns. Ophidousa ausreichend tiefes Wasser bis auf die Untiefe nordöstlich von Ophidousa.

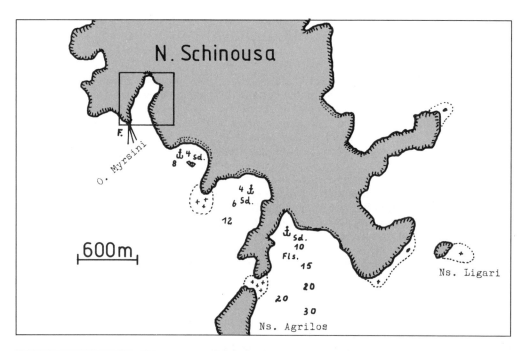

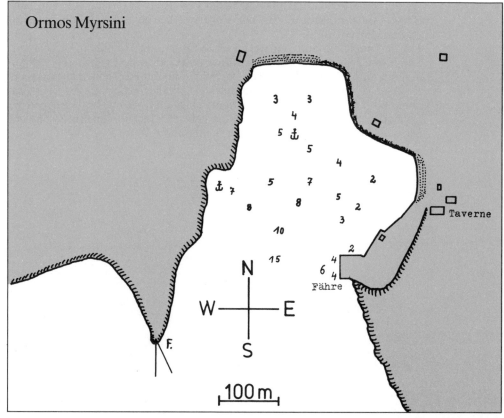

Häfen Parianos und Ano Kouphonisos

Insel Ano Kouphonisos
36°56,2′N 025°35,4′E

Auf der Insel Ano Kouphonisos gibt es zwei Möglichkeiten, anzulegen oder vor Anker zu gehen: Hafen Parianos und Fähranleger Ano Kouphonisos.

Die **Hafenbucht Parianos** an der Südwestseite der Insel wird vorwiegend von Fischern benutzt. Sie kann notfalls auch nachts angesteuert werden, ein Leuchtfeuer brennt auf dem Molenkopf.

Bei der Ansteuerung aus nördlicher Richtung ist auf die Klippe 2 kbl westlich der Bucht zu achten, die nur knapp unter der Wasseroberfläche liegt.

Die Bucht hat in der Einfahrt ca. 6 m Wassertiefe, die zum Strand hin gleichmäßig abnimmt. Zum Ankern eignet sich dieser Platz nicht, da schwere Muringketten kreuz und quer durch die Bucht verspannt sind, an denen die Fischer ihre Bojen und Leinen befestigt haben. Deshalb beim Einlaufen in die Bucht, besonders nachts, auf schwimmende Leinen achten!

Sportboote machen am besten an einer der freien Leinen fest oder ziehen eine eigene Leine tauchenderweise durch die Muringkette. Am Kopf der Mole sind ca. 4 m Wasser, erst ab dem zweiten Drittel des Kais liegen Felsen dicht unter Wasser. Nachts unbedingt Ankerlicht setzen.

Keine Versorgungsmöglichkeiten. Ein Wasserhahn mit nicht trinkbarem Zisternenwasser siehe Plan. Nach Ano Kouphonisos eine Viertelstunde Fußweg.

An der weit offenen Bucht im Süden der Insel liegt der Ort mit dem **Fähranleger von Ano Kouphonisos.** Auf dem Hügel westlich der Steinschüttung erkennt man eine Windmühle.

Die Steinmole verläuft von Westen nach Osten, der Molenkopf ist befeuert. Die Fähre legt an der zum Kai ausgebauten Ostseite an. Wenige Yachten können im 2 m tiefen Wasser vor Buganker und mit Heckleinen an der Nordseite des vorspringenden Kais festmachen. Da die Wassertiefe zur Bucht hin abnimmt, ist der Platz zum Manövrieren eingeengt. Weiter westlich liegen die Fischerboote in flachem Wasser. Tiefergehende Yachten ankern abseits der Mole auf beliebiger Wassertiefe über Sandgrund.

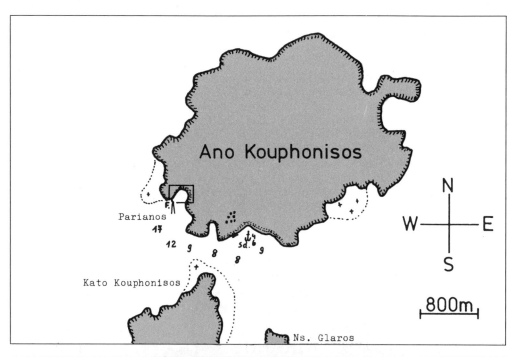

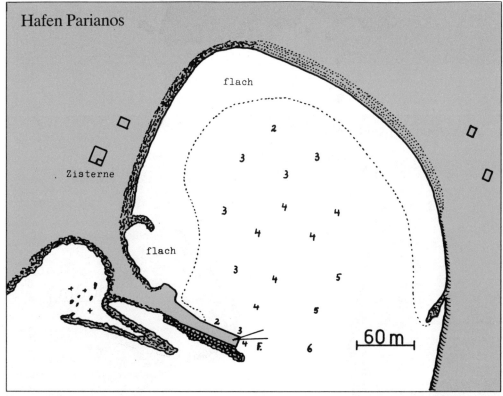

Ankerbucht Insel Karos

36°52,8'N 025°39,3'E

An der Südküste der Insel Karos, die schroff und unzugänglich ist und tiefes Wasser bis dicht an ihre Ufer hat, schneidet eine Bucht tief nach Norden ein, die sich nach verengter Einfahrt zu einem wunderbaren Ankerplatz öffnet.

Die sonst überall an der Leeküste außerordentlich heftigen Fallböen haben hier kaum eine Wirkung. Man ankert auf 4–5 m Wassertiefe, Grund Sand mit Steinen und vereinzelten Felsplatten. Raum zum Schwojen auch für mehrere Yachten. Die Ufer zu beiden Seiten sind hoch aufragend und unter Wasser steil abfallend.

Hinter dem Kiesstrand dichter Hartlaubbewuchs. Ziegen, Zikaden und Kormorane sind die einzigen Bewohner.

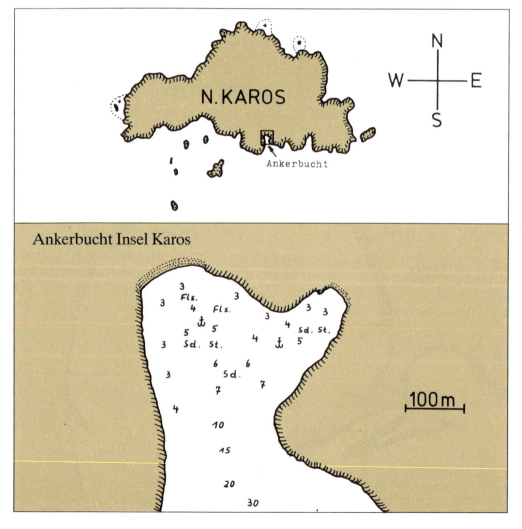

Ankerplatz zwischen Ns. Drima und Ns. Antikaros

36°50,6′N 025°40,5′E

Schöner, auch bei Meltemi gut geschützter Ankerplatz. Bei Annäherung aus Süden nehmen die Fallböen unter der Insel Antikaros schnell ab. Die Ansteuerung macht keine Probleme, tiefes Wasser reicht bis dicht an die Ufer. Ein Wohnhaus auf der östlichen Huk der Insel Drima ist eine gute Landmarke; diese Huk wegen des unreinen Grundes in einigem Abstand runden.
Die Wassertiefe nimmt von 10 m in der Einfahrt zum Ankerplatz hin allmählich ab. Dicht an der kleinen Sandbank sind es immer noch 3 m. Der Ankergrund ist Sand mit Steinen, teilweise mit kurzem Seegras bewachsen. Leichte Dünung macht sich bemerkbar.
Eine Durchfahrt zwischen Antikaros und Drima ist möglich, wenn man sich nahe an die Insel Drima hält. Die geringste Wassertiefe schwankt zwischen 3,50 und 4 m und nimmt im nördlichen Teil der Passage schnell zu. Da Veränderungen der Sandbank möglich sind, sollte man die Durchfahrt höchstens bei leicht bewegter See mit guter Sicht auf den Grund vornehmen. Das Wrack eines Fischerbootes liegt auf der Nordseite der steil abfallenden Sandbank auf ca. 10 m Wassertiefe.

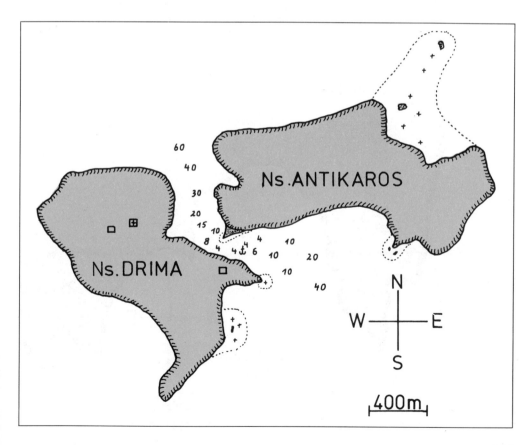

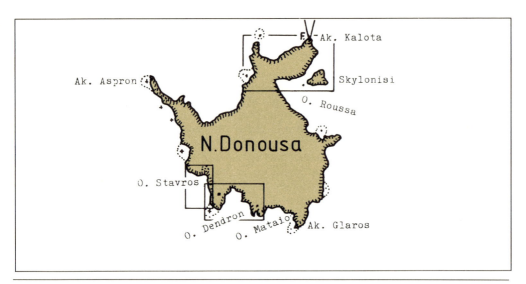

Ormos Dendron

Insel Donousa
37°05,5'N 025°48,4'E

Donousa (Denousa) ist die östlichste Insel der Erimonisia-Gruppe. Ormos Dendron liegt an der Südküste von Donousa und ist bei Nordwinden sehr sicher, wenn sich auch Restdünung bemerkbar macht. Bei der Ansteuerung sieht man eine Windmühle auf der östlichen Huk und eine weiße Kirche auf dem Berg oberhalb der Bucht.

Teile eines Wracks befinden sich ca. 50 m vor dem Strand in 2,50 m Tiefe. Ankergrund ist gut haltender Sand, mit Seegrasbüscheln bewachsen. Da der Grund schnell auf Tiefe abfällt, sollte man reichlich Kette stecken. Starke Fallböen.

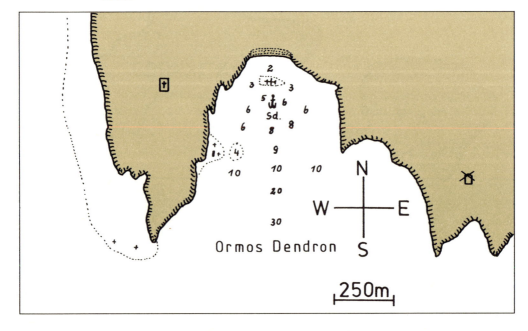

Ormos Stavros

Insel Donousa
37°06'N 025°47,8'E

Hübscher kleiner Fischerort an der Südwestseite von Donousa mit einer befeuerten, vergrößerten Fährpier.
Die Ansteuerung bei Tag ist einfach; von weitem sieht man die weiße Kirche mit zwei Tonnengewölben, die auch für Ormos Dendron als Landmarke dient. Die weiß getünchten Häuser des Ortes und die Kirche mit der blauen Kuppel sind beim Näherkommen gut auszumachen.
Yachten können, vor Buganker liegend, mit langen Hecklinen am Kai vor dem Ort oder an der Fährpier festmachen. Vorsorglich erkundige man sich in dem Café oberhalb des Hafens, ob Fähren zu erwarten sind; denn auch an der Westkante der Pier vor dem Ort legt eine kleine Inselfähre an („Skopelitis").
Die Fährpier hat 4 m Wassertiefe, doch die Innenseite ist unrein durch Felsen unter Wasser. Auch um die Pier vor dem Ort ist felsiger Grund, deshalb Vorsicht beim Anlegen. Der Ankergrund besteht aus grobem Sand und Steinen. Bei Meltemi liegt man hier nur leidlich geschützt, da starke Dünung in die Bucht steht. Dann eventuell frei ankern oder in die Bucht Ormos Dendron ausweichen.
Keine Versorgungsmöglichkeiten, nur Zisternenwasser, einfache Tavernen, ein Kafenion, zwei Läden mit Grundnahrungsmitteln.

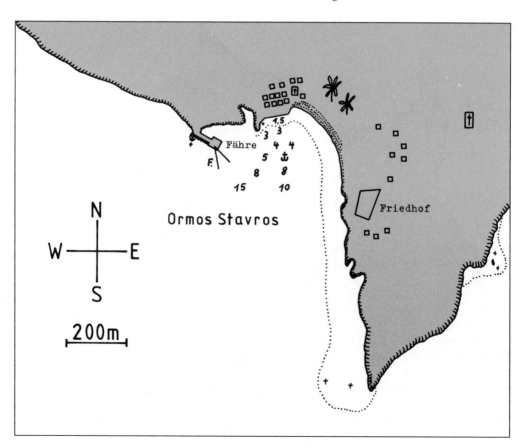

Ormos Roussa

Insel Donousa
37°07,5′N 025°49,4′E

Große, nach Südosten offene Bucht an der Ostseite von Donousa. Vor der Einfahrt liegt die Insel Skylonisi, die geringen Schutz vor Seegang aus nördlichen Richtungen gibt; er wird in der weiten Bucht jedoch reflektiert.

Die Wassertiefen sind bis nahe der kleinen Strände groß, so daß man nur dicht unter Land ankern kann und wenig Raum zum Schwojen hat. Der sandige Ankergrund geht zu den felsigen Ufern hin in Felsplatten über.

Ein paar Häuser in der Bucht, aber keinerlei Versorgungsmöglichkeiten.

Ormos Mataio (ohne Plan) − 37°05,4′N 025°49,5′E

Nur 1 sm östlich von Ormos Dendron liegt diese sehr einsame Bucht. Sie ist weniger tief eingeschnitten und eignet sich deshalb nicht zur Übernachtung, da bei nördlichen Winden die Dünung um das Kap Glaros herumgeht.

Für einen Badeaufenthalt ist sie jedoch sehr zu empfehlen. Ankergrund reiner Sand. Am Strand ein paar zerfallene Fischerschuppen.

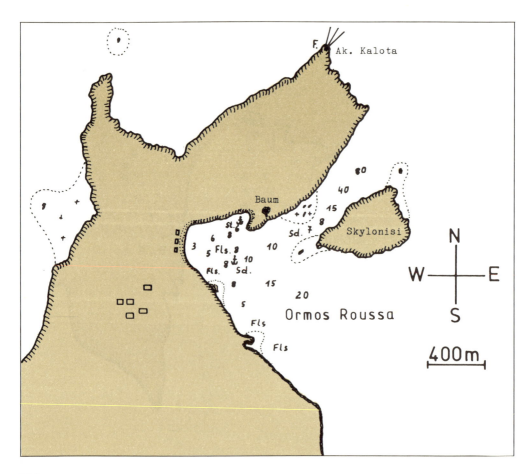

Inselgruppe Levitha

Seekarte D 673

Die Inselgruppe Levitha gehört schon zum Dodekanes, wird aber geographisch zur südlichen Querreihe der Kykladen gezählt. Als Randinseln des Gebietes und Sprungbrett zum Dodekanes können Kynaros und Levitha (320 bzw. 168 m hoch) für den Sportbootfahrer wichtig sein, weshalb sie hier mit behandelt werden.

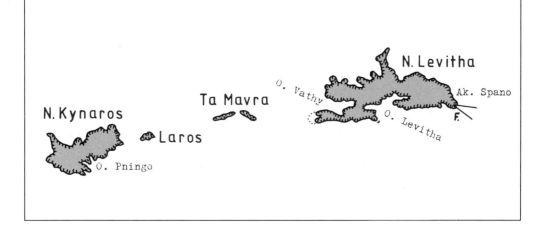

Ormos Pningo

Insel Kynaros
36°58,5'N 026°17,5'E

An der Südostseite von Kynaros liegen zwei Einschnitte, tief einbuchtend, mit felsigen Ufern und tiefem Wasser bis kurz vor dem Scheitel. Ormos Pningo bietet guten Schutz bei Nordwind, obwohl Böen einfallen. Man ankert auf 3–5 m Wassertiefe über steinigem Grund vor dem kleinen Kiesstrand, doch ist kein Raum zum Schwojen, deshalb eventuell Leinen zum Land. Die Insel ist unbewohnt, gelegentlich legen hier Fischerboote an (Plan siehe nächste Seite).
Auf jeden Fall sind je nach Windrichtung die Ankerplätze der Insel Levitha, Ormos Vathy 7 sm und Ormos Levitha 9 sm entfernt, eher zu empfehlen.

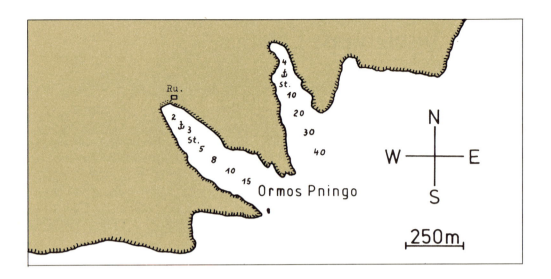

Ormos Vathy

Insel Levitha
37°00′N 026°26,4′E

Ormos Vathy, fast 1 sm tief in die Westküste der Insel Levitha einschneidend, ist bis auf eine 1,50-m-Stelle an der südlichen Huk Ak. Elmino frei von Untiefen. Die Wassertiefen sind sehr groß bis nahe dem östlichen Scheitel der Bucht. Dort kann man auf 6 m Wassertiefe ankern und hat genügend Raum zum Schwojen. Ankergrund ist Sand und Mud, auch Seegras.

Die unbewohnte, sehr öde wirkende Bucht bietet guten Schutz bei allen Winden außer aus westlicher Richtung.

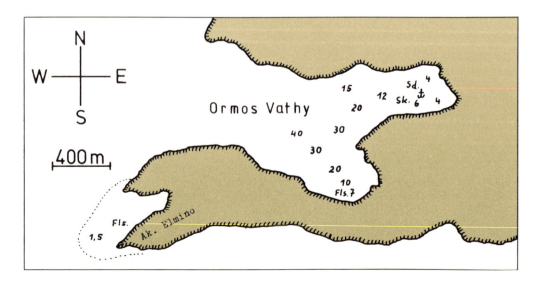

Ormos Levitha

Insel Levitha
37°00′N 026°27,5′E

An der Südküste der Insel Levitha befinden sich im Ormos Levitha zwei Seitenbuchten, die je nach Windrichtung sehr guten Schutz bieten.
Während der westliche Einschnitt in geringem Abstand vom Scheitel auf 4–6 m Wassertiefe guten Ankergrund aus Sand, Mud und teilweise Seegras hat, ist die östliche Einbuchtung tiefer einschneidend und flacher auslaufend. Ankert man bei 5–6 m Wassertiefe, hat man genügend Raum zum Schwojen. Der Ankergrund besteht aus Steinen und Mud und hält nicht immer auf Anhieb. Bei zunehmendem Wind muß man einen zweiten Anker ausbringen. Östlich des kleinen Anlegers wird es schnell flach.
Der kleine Anleger mit 3 m Wassertiefe am Kopf wird von den Bewohnern der Insel benutzt und sollte freigehalten werden. Auch zahlreiche Fischerboote trifft man hier an.
Ein blitzsauberes Bauernanwesen mit Kapelle liegt in einiger Entfernung (10 min Fußweg). Die Bauernfamilie unterhält auch eine kleine Taverne, in der es auf Wunsch Fisch und Getränke gibt. Eine begrenzte ebene Fläche der sonst steinigen, kargen Insel wird mühsam bewirtschaftet; hier wachsen Getreide, Wein und Feigenbäume.

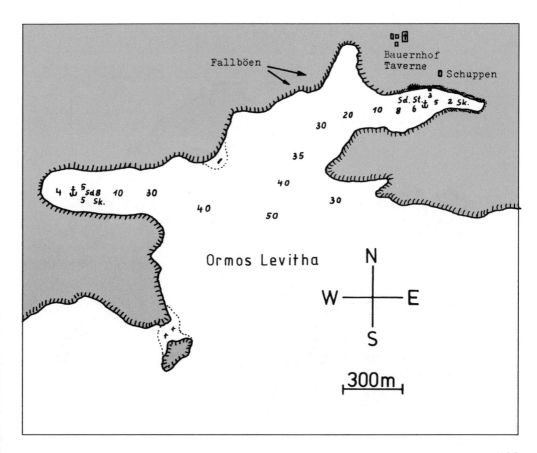

Insel Astypalaia

Seekarten D 673 und 1091

Obwohl schon zum Dodekanes gehörend, wird Astypalaia wegen seiner geographischen Zugehörigkeit zu den Kykladen hier ebenfalls beschrieben.
Astypalaia (95 km^2, 1200 Bewohner) besteht aus zwei Inselteilen, die durch eine nur 100 m breite Landenge miteinander verbunden sind. Die größte Höhe des westlichen Teils beträgt 482 m, des östlichen Teils 366 m. Die Küsten sind zum Meer hin felsig und steil abfallend, das Land im mittleren Teil zwischen den beiden Hälften ist flacher auslaufend.
Vor allem an der Südküste sind zahlreiche Einschnitte vorhanden, die sich zum Ankern eignen. Davon empfiehlt sich als ruhigster Ankerplatz Ormos Maltezana, wo durch das flachere Land die Böen nicht so heftig sind. Dasselbe gilt für Porto Vathy an der Nordseite der Insel. Der Hauptort Astypalaia liegt oberhalb der Bucht Ormos Skala.

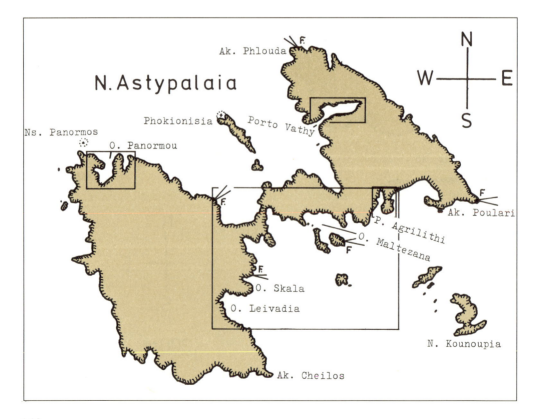

Ormos Panormou

Insel Astypalaia
36°35,5'N 026°16,8'E

Im nordwestlichen Teil der Insel schneidet diese Bucht tief nach Süden ein. Bei der Ansteuerung dieser Bucht auf die flache, kaum über Wasser liegende Felsklippe Ns. Panormos achten! Die Wassertiefen in der Einfahrt sind sehr groß und nehmen zu den Ufern hin gleichmäßig ab.

Im westlichen Seitenarm können Yachten über Sandgrund nahe dem Strand gut vor Anker gehen. Hier liegt man bei mäßigem Nordwind und Seegang gut geschützt, wenn auch auslaufende Dünung zu bemerken ist. Der Ankergrund besteht aus Sand und Steinen, teilweise mit Seegras bewachsen.

Außer einer Kapelle keinerlei Bebauung, absolute Einsamkeit.

Die benachbarte kleine Bucht, in der Seekarte D 673 namentlich nicht bezeichnet, läuft in einem Sandstrand aus und eignet sich nur bei ruhigem Wetter für einen zeitweiligen Aufenthalt.

Bei unsicherer Wetterlage ist auf jeden Fall Porto Vathy als Ankerplatz vorzuziehen (siehe nächste Seite).

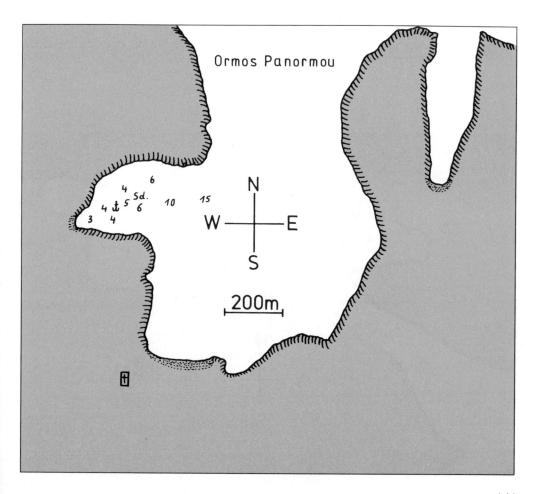

Porto Vathy

Insel Astypalaia
36°37,1′N 026°23,7′E

Wie ein kleiner See von Land umschlossen, bietet diese Bucht absoluten Schutz bei Wind und Seegang aus allen Richtungen.
Die Ansteuerung ist auch bei schwerem Wetter möglich, der Seegang nimmt am Anfang der Einfahrt sofort beträchtlich ab. Nachts macht sich das Fehlen von Feuern bemerkbar. An der engsten Stelle ist die Einfahrt etwa 130 m breit. Da das südliche Ufer zum Versanden neigt, halte man sich etwas nördlicher, wo die geringste Wassertiefe 3 m beträgt (siehe Plan M der D 1091).
Im Inneren der Bucht ist die größte Wassertiefe um 10 m. Man kann je nach Windrichtung an beliebigen Stellen und auf beliebiger Wassertiefe ankern. Grund ist Sand und Schlick, teilweise mit Seegras bewachsen. Das Wasser ist etwas trüb durch den Bewuchs und den mangelnden Wasseraustausch.
Im nordwestlichen Teil der Bucht befinden sich ein paar Häuser. Das kurze Stück befestigten Ufers und der kleine Anleger mit 1,80 m Wasser am Kopf werden von den Bewohnern beansprucht. Versorgungsmöglichkeiten gibt es nicht, eventuell auf Wunsch eine bescheidene Mahlzeit in der kleinen Taverne. Außerordentlich ruhiger Ankerplatz in unverfälschter Landschaft. Die Böen bei Nordwind sind hier wesentlich schwächer als an der Südküste der Insel.
Die Kalkbrennerei ist außer Betrieb.
Der östliche Ankerplatz eignet sich besser zum Baden, über die Weite der Bucht entsteht jedoch etwas Schwell.

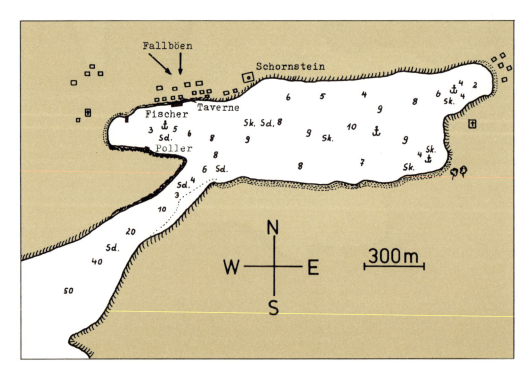

Porto Agrilithi

Insel Astypalaia
36°35′N 026°25,4′E

Etwa 900 m tief nach Norden einschneidende Bucht im Südostteil der Insel Astypalaia.

Die Ansteuerung bei Tag ist einfach. Durch diesen fjordähnlichen Einschnitt kommen bei nördlichen Winden sehr heftige Fallböen, die bis kurz vor dem Scheitel der Bucht anhalten.

Man kann – je nach Windrichtung – sowohl im Scheitel der Bucht als auch in einem der beiden Seitenarme ankern. Der Ankergrund besteht aus sehr gut haltendem Sand und Mud. Die Wassertiefen nehmen gleichmäßig ab, Untiefen sind nicht vorhanden.

Der kleine Anleger in der westlichen Seitenbucht vor der verlassenen Kalkbrennerei ist wegen mangelnder Festmachemöglichkeiten nicht zu gebrauchen. Nahe dem nördlichen Ufer befindet sich ein Wrack.

Nur ein paar verstreut liegende Häuser in der Bucht. Keine Versorgungsmöglichkeiten.

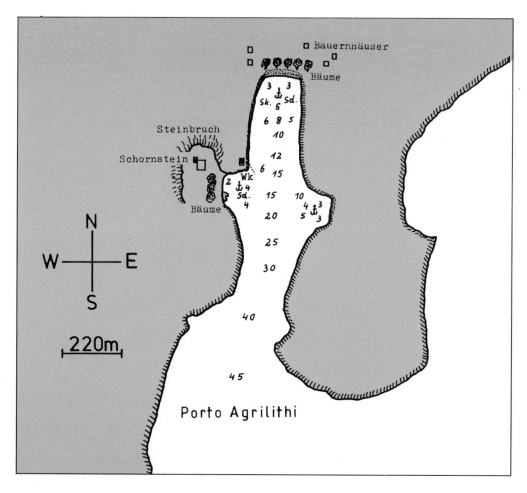

Ankerplätze von Porto Agrilithi bis Ormos Leivadia

Ormos Vryssi, tief nach Norden einschneidend, hat zu beiden Seiten steile Ufer aus brüchigem braunem Gestein, das vielfach durchhöhlt ist. Im Scheitel der Bucht Sandstrand. Über das hier allmählich ansteigende Hinterland kommen heftige Fallböen.
Ankergrund ist Sand. Außer einer Kapelle im Westen und einem Haus auf halber Höhe keine Bebauung.

Ormos Schinounta, die nächste westlich gelegene Bucht, hat ebenfalls gut haltenden Ankergrund aus Sand auf beliebiger Wassertiefe. Nur zwei Häuser hinter einem Schilfgürtel.

Ormos Maltezana ist ein sicherer Ankerplatz in schöner grüner Umgebung mit einer ca. 80 m langen Pier für Kümos und Fischerboote an der Nordseite.
Kommt man aus Westen, ist es nicht nötig, die Insel Glinonisi zu runden; man kann zwischen den beiden Felsinseln ohne Gefahr hindurchlaufen (siehe Detailplan übernächste Seite). Die geringste Wassertiefe beträgt hier 4 m.
An der Pier legt man man besten, falls Platz vorhanden, längsseits an, und zwar je nach Windrichtung an der West- oder Ostseite. 3–4 m Wassertiefe an beiden Seiten reichen bis kurz vor den Strand.
Will man frei schwojend vor Anker liegen, achte man auf das Wrack etwa 80 m südwestlich der Pier (siehe auch Plan N der D 1091).
Da das Land hier flacher ist, machen sich die Fallböen nicht so stark bemerkbar. Ein paar Häuser in der Nähe der Straße, aber keine Versorgung. Busverbindung mit Skala.

Bucht an der Landenge östlich von Ormos A. Andreou. Hier kommen starke Fallböen über die nur ca. 100 m breite Landenge, die die beiden Inselteile miteinander verbindet. Tiefes Wasser reicht bis dicht vor den stark verschmutzten Kiesstrand. Ankern auf beliebiger Wassertiefe über gut haltendem Sandgrund. Eine Straße führt über die Landenge. Diesen Ankerplatz wird man höchstens wahrnehmen, um einen Blick auf die andere Inselseite zu tun.

Ormos Leivadia hat an seiner Nordseite brauchbare Ankerplätze in verschiedenen Einbuchtungen vor Sandstränden. Ankergrund durchweg Sand.

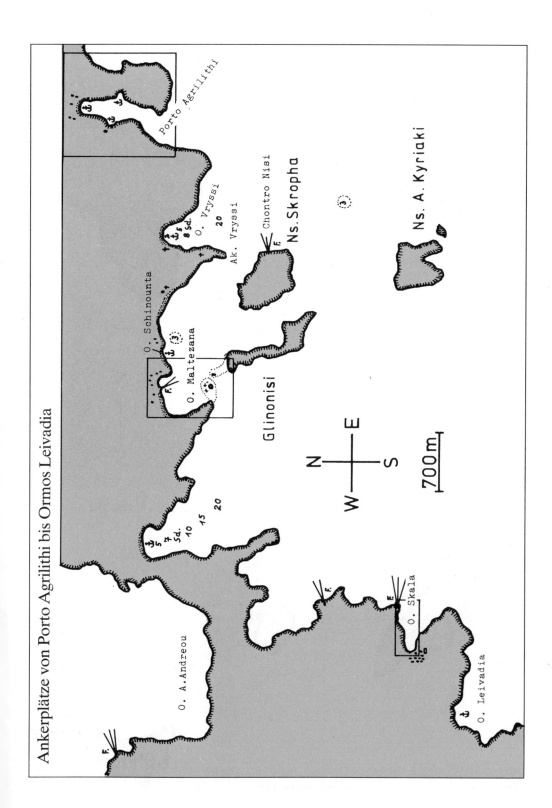

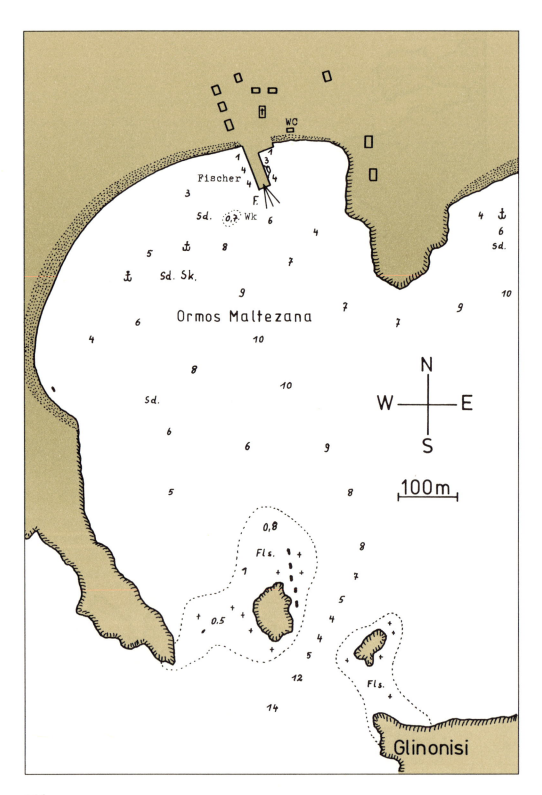

Hafen Skala (Astypalaia)

Ormos Skala, Insel Astypalaia
36°32,8′N 026°21,4′E

Der Hafen des Hauptortes Astypalaia liegt im Ormos Skala. Die Ansteuerung ist bei Tag und Nacht ohne Schwierigkeiten. Die nördliche Einfahrtshuk ist befeuert. Bei Tag bietet der weiße Ort auf dem südlichen Berghang mit seinem überragenden Kastell eine gute Ansteuerungshilfe, nachts sind Fähranleger und die Straße am Hafen hell erleuchtet.

Die Bucht ist frei von Untiefen; an der Südseite ein ca. 100 m langer Kai für Fähren und große Fischerkaiken.

Die kurze Pier vor dem Ort wird von kleinen Fischerbooten benutzt und ist meist voll belegt. Da hier wie auch am Fähranleger der Schwell bei starken nördlichen Winden beträchtlich ist, ankern Yachten meist frei auf beliebiger Wassertiefe. Ankergrund gut haltender Sand. Wegen der starken Fallböen reichlich Kette stecken und notfalls einen zweiten Anker ausbringen.

Wasser	Ein öffentlicher Wasserhahn beim WC.
Treibstoff	Tankstelle Nähe Post (Fahrweg Richtung Windmühlen).
Lebensmittel	Bescheidene Läden am Hafen und im Hauptort. Eisfabrik siehe Plan.
Restaurants	Tavernen am Hafen.
Post/Telefon	Postamt in Astypalaia, OTE am Hafen.

Fährverbindung mit Piräus, Kos, Rhodos, Amorgos und Kalymnos.
Das in seiner Anlage interessante mittelalterliche Kastell und der schöne Rundblick über Meer und Inseln lohnen den Aufstieg.

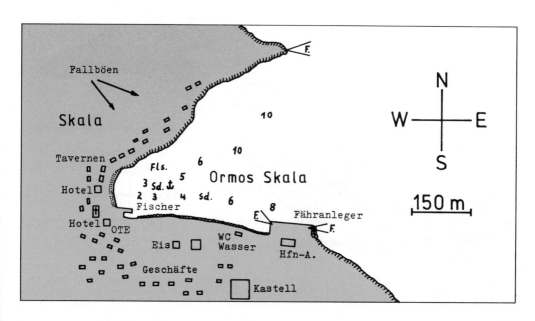

Insel Amorgos

Seekarte D 673

Amorgos (120 km^2), in der südlichen Querreihe gelegen, ist die östlichste Insel der Kykladen, wenn man Astypalaia und Levitha außer acht läßt, die schon zum Dodekanes gehören.

Große Wassertiefen reichen bis nahe an die Nordost-, Südost- und Südwestküste heran. Die Nordwestküste ist reich gegliedert; nur dort liegen Ankerplätze, die durch vorspringende Kaps oder vorgelagerte Inseln geschützt werden. Außerordentlich hoch und schroff abfallend ist die Nordostküste mit dem höchsten Berg, Oros Krikelos (821 m).

Bei der Ansteuerung der Insel aus Westen muß bei kräftigen Nordwinden mit starker Strömung zwischen Ns. Antikaros und Amorgos in südwestliche Richtung gerechnet werden. Kommt man von Osten, muß man großen Abstand von der Steilküste an der Nordostseite der Insel halten, da — ähnlich wie beim Nordkap von Naxos — Windstau und Kreuzseen ein Vorwärtskommen sehr erschweren, so daß Motorunterstützung vonnöten ist.

Die Bewohner von Amorgos (etwa 1800) ernähren sich von der Landwirtschaft. Eine Straße führt vom Hafen Katapola zum Hauptort Amorgos. Der Fremdenverkehr ist gering.

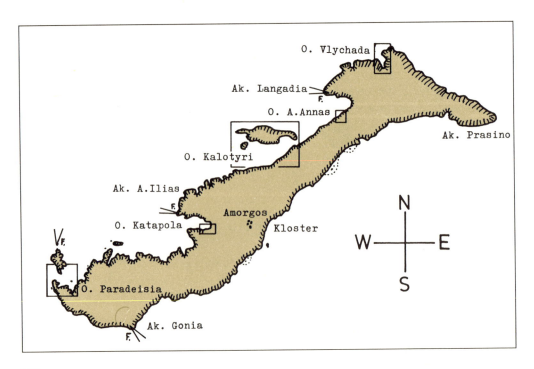

Ankerbucht westlich von Ormos Paradeisia

Insel Amorgos
36°47,5′N 025°44,8′E

Es ist erstaunlich, daß diese Bucht sogar bei starkem Meltemi guten Schutz bietet. Der Seegang wird durch die Insel Gramvousa und die der Bucht vorgelagerten Klippen derart gebrochen, daß nur noch leichte Restdünung zu bemerken ist.

Die Ansteuerung bei Tag ist nicht schwierig, nachts sollte man diesen Ankerplatz jedoch nicht ansteuern. Bei starkem Meltemi und hohem Seegang ist es ratsam, die Bucht von Westen her anzulaufen, da hier die Orientierung leichter ist und die Wellen bei weitem nicht mehr die Höhe haben wie auf der Ostseite der Insel Gramvousa. Die Durchfahrt zwischen Ak. Kalotari und der Insel Gramvousa ist breit genug, um den vorgelagerten Klippen leicht aus dem Weg zu gehen.

Die Wassertiefen in der Einfahrt zur Bucht betragen 10 m und nehmen gleichmäßig ab. Der Ankergrund ist Sand und Mud und hält sehr gut. Einige Fischerboote liegen hier ständig vor Anker. Außer ein paar Fischerschuppen keine Bebauung. Gerade nach einem harten Segeltag gibt diese Bucht – obwohl noch vor der Einfahrt die Brandung donnert – schlagartig ein Gefühl der Geborgenheit.

Achtung   Nicht zu verwechseln mit der Bucht Ormos Paradeisia selbst, die bei Nordwind absolut unbrauchbar ist.

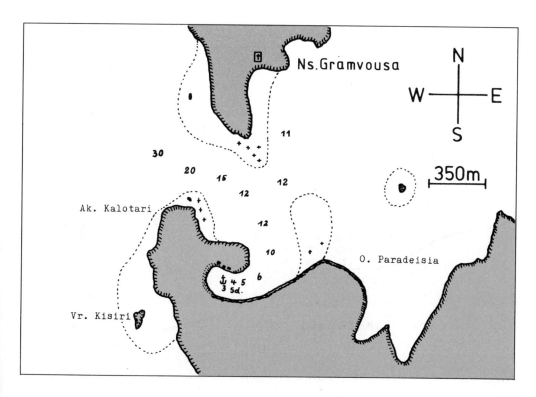

Hafen Katapola

Insel Amorgos
36°49,8′N 025°51,9′E

Haupthafen der Insel im Südosten des Ormos Katapola. Die Ansteuerung ist bei Tag und Nacht einfach. Ein Leuchtfeuer auf dem nördlichen Einfahrtskap, Ak. A. Ilias, und die Häuser an der Südflanke geben gute Ansteuerungshilfen. Yachten legen hinter dem Fähranleger an, wobei der Platz für die Fähre „Skopelitis" freizuhalten ist. Starker Nordwind ist beim Anlegen vor Buganker mit Heckleinen sehr hinderlich, da heftige Böen vom gegenüberliegenden Berghang voll in Richtung Kai wehen. Den Anker weit nach Norden ausbringen, eventuell einen zweiten zusätzlich. Obwohl der Ankergrund sehr gut hält, sollte man sich auf jeden Fall etwas vom Kai weg verholen, wenn man das Boot für längere Zeit allein läßt. Der Hafen kann als sicher bezeichnet werden, wenn auch starker Schwell darin steht.

Wasser	Abends am Kai.
Treibstoff	Diesel und Super wird von der Tankstelle außerhalb des Ortes nach telefonischer Anmeldung geliefert.
Lebensmittel	Ausreichende Auswahl am Hafen.
Restaurants	Gute Tavernen am Hafen.
Post/Telefon	Post mit Telefon am Hafen. OTE nur während der Saison ab Mitte Juni in Betrieb.

Fährverbindung zwischen den Inseln und mit Piräus. Häufig Busse zum Hauptort, von dort Ausflug zum sehenswerten Felsenkloster Panagia Chozoviotissa zu empfehlen (halbstündiger Fußweg).

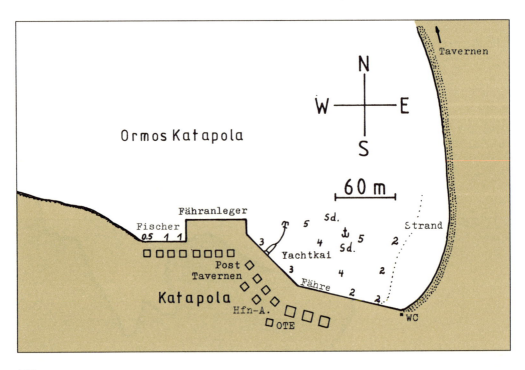

Ormos Kalotyri

Insel Amorgos
36°53'N 025°55,5'E

Nicht nur außerordentlich schön gelegen, sondern auch gut geschützt bei allen Winden ist der Ankerplatz hinter der Insel Nikouria, die der Nordwestküste von Amorgos vorgelagert ist.

Die Insel Nikouria ist nach Norden von 365 m Höhe fast senkrecht abfallend. Die Ansteuerung des Ankerplatzes erfolgt entweder aus Westen, wo tiefes Wasser bis dicht an die Insel heranreicht, oder von Osten durch die schmale Durchfahrt, die die Insel von Amorgos trennt. Wählt man die östliche Einfahrt, so halte man sich im Abstand von 25 bis höchstens 50 m an die Insel Nikouria, wo die Mindestwassertiefe 3 m beträgt. Von Amorgos reicht eine Sandbank bis über die Mitte der Durchfahrt hinaus mit Wassertiefen zwischen 0,50 und 1 m. Die Versandung nimmt ständig zu; man muß deshalb sorgfältig loten. Bei Seegang kommt nur die westliche Einfahrt in Betracht.

Der Ankerplatz vor dem Strand der Insel Nikouria hat Wassertiefen von 7 m abnehmend. Grund Schlick, mit Seegras bewachsen.

Größte Stille und Einsamkeit. Am gegenüberliegenden Ufer von Amorgos ein paar vereinzelte Gehöfte.

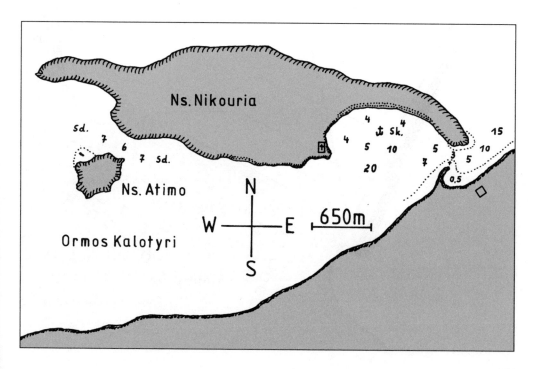

Hafen Aigiali

Ormos A. Annas, Insel Amorgos
36°54,2′N 025°58,5′E

Kleiner Fischerhafen an der Südostseite des Ormos A. Annas. Die nördliche Einfahrtshuk, Ak. Langadia, und die Mole sind befeuert. Eine Steinschüttung schützt die 110 m lange Pier, die für Fischer, Fähren und Versorgungsschiffe bestimmt ist. Yachten dürfen nicht festmachen.

Vor dem Ort wurde der Kai verbreitert, so daß hier die Wassertiefe nun 2–3 m beträgt. An diesem Kai könnte man anlegen, doch Muringketten auf dem Grund verlaufen etwa in der im Plan eingezeichneten Richtung. Der Ankergrund aus Schlick mit Steinen, teilweise dichtem Seegras hält nicht gut. Bei nördlichen Winden kommen Fallböen von den Berghängen und werfen Schwell auf.

Da es ohnehin keine Versorgungsmöglichkeiten gibt, die ein Anlegen erfordern, ankert man besser in entsprechendem Abstand, wenn man einen Tavernenbesuch machen will. Dort ist während der Saison das Hafenamt stationiert. Sicher – wenn auch Fallböen ausgesetzt – ankert man in der nordöstlichen Ecke der weitläufigen Bucht.

Ormos A. Annas liegt in schöner Umgebung mit bebauten Tälern an ihrer Ostseite und weißen Ortschaften auf terrassenförmig ansteigenden Berghängen. Mehrere Sandstrände buchten in die abfallende Huk Ak. Langadia ein und empfehlen sich bei ruhigem Wetter für Badeaufenthalte.

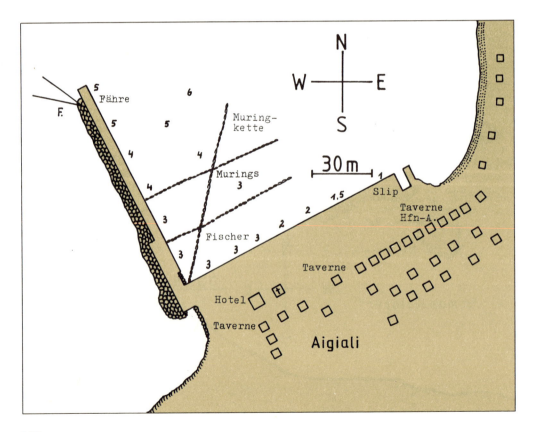

Ormos Vlychada

Insel Amorgos
36°55,8′N 026°00,2′E

Am Nordkap, Ak. Vilakarda, buchtet Ormos Vlychada in die schroff abfallende Felsenküste ein.

Das Einlaufen und Ankern in diesem faszinierend hochaufragenden Felseneinschnitt ist nur bei völliger Windstille zu riskieren.

Der Ankergrund aus Sand mit Seegras ist sehr tief, nahe dem schmalen Kiesstrand wird er steinig und felsig.

Der Kiesstrand setzt sich in einem steinigen, im Sommer ausgetrockneten Flußbett fort, bewachsen mit Oleander- und Kugelbüschen. Schließlich versperren zwei enge Wildbachschluchten den weiteren Aufstieg.

Bei beginnendem Nordwind und Seegang muß die Bucht sofort verlassen werden. Nächster sicherer Ankerplatz ist Ormos Kalotyri im Schutz der Insel Nikouria (siehe Seite 151).

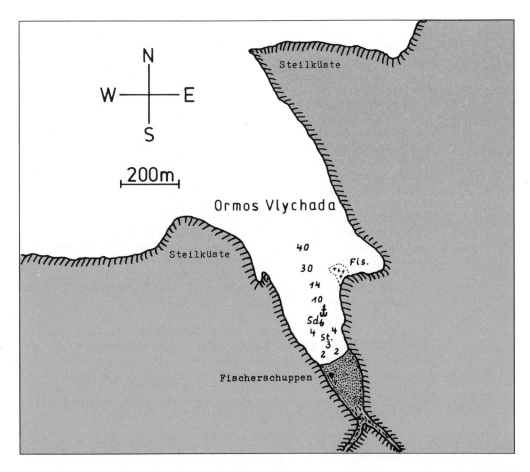

Inseln Thira (Santorin), Thirasia, Palaia Kammeni und Nea Kammeni

Seekarten D 673 und 1091

Nisos Thira, Nisis Thirasia und Nisis Aspro (zusammen 87 km^2) sind die Ränder einer ursprünglich 170 km^2 großen Insel, die vor etwa 3500 Jahren nach lang andauernder Vulkantätigkeit in der Mitte einbrach, wodurch das heute bis 390 m tiefe Kraterbecken entstand. Aus diesem Krater wuchsen im Laufe der Jahrhunderte mehrere Lavainseln empor, die schließlich zu Palaia und Nea Kammeni zusammenschmolzen. Wiederholte Erdbeben und tektonische Veränderungen beweisen, daß die Entwicklung noch nicht abgeschlossen ist. Besonders gefährdet sind die am 300 m hohen Kraterrand hängenden Städte Thira und Ia (Epanomeria), die beim letzten Erdbeben 1956 schwere Schäden erlitten.

Die extreme geologische Situation an der Innenseite von Thira und Thirasia erklärt den Mangel an Ankerplätzen in diesem Gebiet. Sämtliche beschriebenen Anlegemöglichkeiten sind deshalb mit großer Skepsis zu betrachten. Wegen der schon nahe dem Ufer außerordentlich großen Wassertiefe ist Ankern entweder ganz zwecklos oder nur sehr bedingt möglich. An der Ostküste Thiras, wo der Grund allmählich abfällt und Ankern möglich wäre, ist der auflandige Wind eine Gefahr; im Süden der Insel herrscht meist Dünung, so daß keiner der behandelten Plätze ohne Vorbehalt empfohlen werden kann.

Trotzdem ist Thira ein sehr begehrtes Ziel, nicht nur wegen seiner landschaftlichen Besonderheiten, sondern auch wegen historischer Sehenswürdigkeiten. In diesem Zusammenhang seien kurz die verschiedenen Bezeichnungen erwähnt, und zwar wurde Thira von den Türken „Phira" genannt, was auch heute noch üblich ist. Santorin oder Santorini ist die von den venezianischen Machthabern im Mittelalter verwendete Bezeichnung nach der Heiligen Irene (Sant' Irini). Unter Alt-Thera versteht man im allgemeinen die Ausgrabungen der dorischen Stadt auf dem Berg Mesovouno an der Ostküste. Andererseits werden aber auch die Funde von Akrotiri gelegentlich „Alt-Thera" zugeordnet. In Akrotiri ist eine komplette Siedlung aus der Zeit vor dem Einbruch des Vulkankraters aufgedeckt worden, die 3500 Jahre unter einer schützenden Bimssandschicht begraben lag. Während die Ausgrabungsstätte die Lage der Stadt zeigt, sind die wertvollsten Funde, wie Fresken und Keramiken, im Nationalmuseum in Athen zu besichtigen.

Insel Anaphi. Diese Kykladeninsel der südlichen Randreihe wurde von mir nicht besucht. Nach Seglermeldungen gibt es an der Südküste einen Fähranleger, der tagsüber von den Fischern benutzt wird. Die Fähre legt meist nachts an.

Yachten ankern am besten nordöstlich mit großem Abstand vom Fähranleger vor der Küste auf 4–6 m Wassertiefe über gut haltendem Sandgrund. Außer zwei Tavernen sind keine Versorgungsmöglichkeiten gegeben.

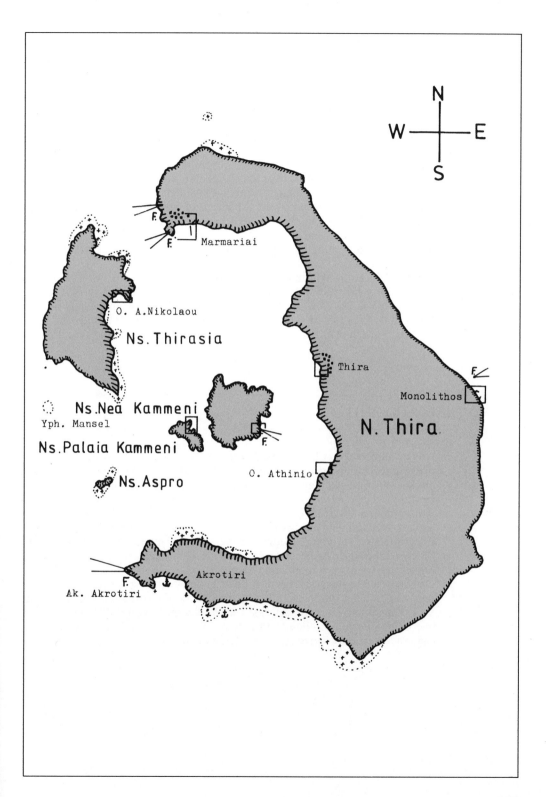

Ankerplatz Monolithos

Insel Thira/Santorin
36°24,8′N 025°29,1′E

Auf der flachen Ostseite der Insel Thira gelegen, sollte hier ein Hafen entstehen, der aber in den Anfängen steckengeblieben ist. Nur eine Steinaufschüttung, die bei nördlichen Winden kaum Schutz bietet, verläuft in West-Ost-Richtung. Dieser Ankerplatz sollte nur bei ruhigem Wetter angelaufen werden.
Zur Ansteuerung dienen die Häuser am Strand und ein hoher Schornstein. Nordwestlich vom Hafen liegt eine Leuchttonne aus (siehe Plan K der D 1091); im Süden kann man den nahen Flughafen von See aus erkennen.
Hinter der Steinschüttung ist der Ankergrund Sand. Die Wassertiefe nimmt zum Strand hin gleichmäßig ab. Man kann frei ankern oder eine Leine zur Steinschüttung ausbringen.
Keine Versorgungsmöglichkeiten, nur eine Taverne, die gegen Bezahlung das Duschen erlaubt.
Von hier aus kann man mit dem Taxi die Ausgrabungen von Alt-Thera besuchen, doch sollte man unbedingt eine Ankerwache zurücklassen. Die antike Stadt Thera lag hoch über der Ostküste in der Nähe des höchsten Berges, Koryphi A. Ilias (566 m), wo ein bemerkenswertes Kloster mit idealer Fernsicht den Besucher empfängt, vorausgesetzt, daß er geziemend bekleidet ist.

Ankerplatz Akrotiri

(ohne Plan)
≈ 36°21,4′N 025°22,4′E und 36°20,9′N 025°22,5′E

An der Südküste von Thira befinden sich östlich von Ak. Akrotiri zwei Ankerplätze mit Sandgrund für zeitweilige Aufenthalte bei ruhigem Wetter. Landmarke ist ein markanter hochaufragender weißer Felsen neben rotbraunem Gestein.
Zwischen einer weißen Kapelle und den modernen Ferienhäusern liegt der Ankerplatz, von dem aus man bequem die ca. 300 m landeinwärts befindliche Ausgrabungsstätte von Akrotiri erreichen kann. Unbedingt Ankerwache zurücklassen! Dieser Ankerplatz ist auch zur Übernachtung und bei Meltemi brauchbar, wenn auch nicht ohne Dünung.
Das überdachte Ausgrabungsgelände zeigt eine Siedlung aus dem 2. Jahrtausend v. Chr., die durch die alles überdeckende Bimssteinschicht nach dem Vulkanausbruch unverändert bis zur Wiederentdeckung 1967 konserviert blieb. Die wertvollsten Funde, vor allem die freigelegten Fresken, sind im Archäologischen Museum in Athen zu besichtigen.

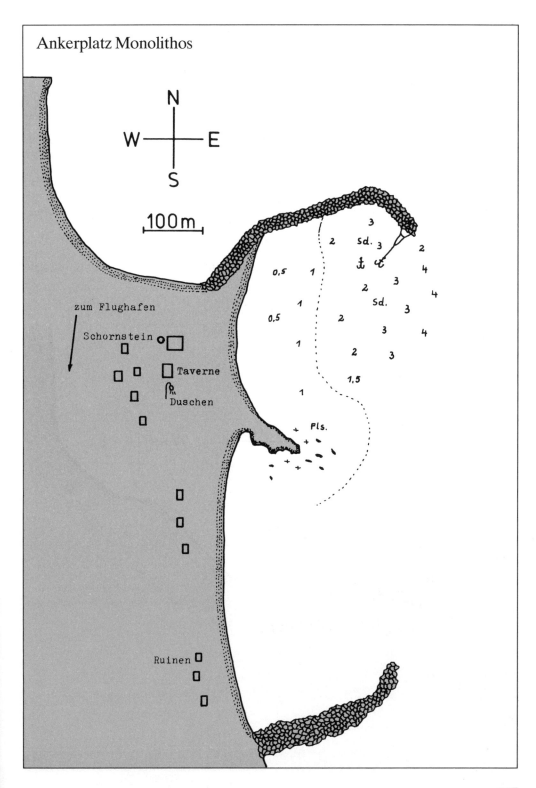

Anlegestelle Ormos Athinio

Insel Thira/Santorin
36°23,2'N 025°25,8'E

Zwei Seemeilen südlich vom Hauptort Thira befindet sich im Ormos Athinio der Anleger für den Fährverkehr und für die Versorgung der Insel. Es ist der einzige Platz innerhalb des Kraters, von dem eine Autostraße hinaufführt.
Bei nördlichen Winden ist diese Anlegestelle dem Schwell ausgesetzt und für Yachten unbrauchbar. Bei ruhigem Wetter können Sportboote auf ca. 7 m Wassertiefe ankern und mit dem Heck zum Kai festmachen. Ankergrund steinig. Wegen der großen Tiefe reichlich Kette stecken. Etwa 60 m vom Kai entfernt (siehe Plan) sind große Betonblöcke versenkt worden, die etwa 4 m unter der Wasseroberfläche liegen. Beim Ankern darauf achten. Die Festmachetonne dient ausschließlich der Berufsschiffahrt.
Nur geringe Versorgung in einem kleinen Laden bei der Taverne. Busverbindung über die Insel. Taxen für Ausflüge nach Akrotiri, Alt-Thera oder zum Hauptort. Für eventuell notwendig werdende Manöver unbedingt Bordwache zurücklassen.

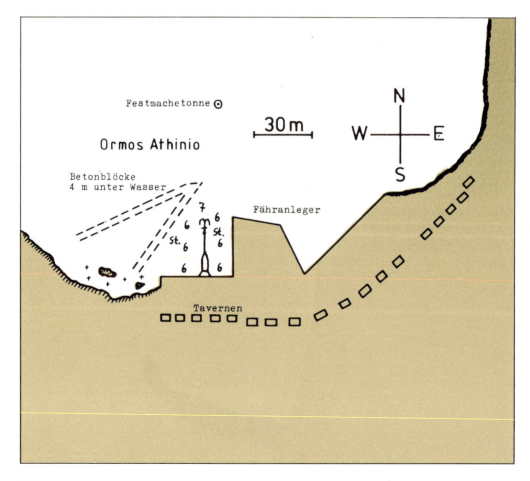

Ankerplatz Insel Nea Kammeni

36°24,1'N 025°24,3'E

Kleine Bucht an der Südostseite von Nea Kammeni, die ein bis zwei Yachten Platz bietet. Die südliche Einfahrtshuk, Ak. Iphaisteion, ist befeuert.

Beim Einlaufen achte man auf das Wrack eines großen Ausflugsbootes, das nur wenig unter Wasser liegt (siehe Plan), außerdem auf dicke Festmacheleinen, die ein Ausflugskaiki zurückläßt, das hier nur abends seinen Platz einnimmt.

Man ankert mit Buganker, steckt wegen der großen Tiefe reichlich Kette und verholt das Heck mit langen Leinen zum Kai. Der Ankergrund besteht aus großen Lavasteinen mit einigen Schotterstellen dazwischen.

Hier liegt man wie zwischen Kohlenhalden in einer unwirklichen Landschaft. Daß dieser Platz viel besucht wird, zeigen die zahlreichen, mit weißer Farbe auf die schwarzen Lavabrocken gepinselten Namen. Wer den mühsamen Aufstieg über die Lavablöcke, hinter der Kapelle beginnend, nicht scheut, kann von hier aus den Krater erreichen. Der Weg geht oben bequem weiter. Feste Schuhe anziehen!

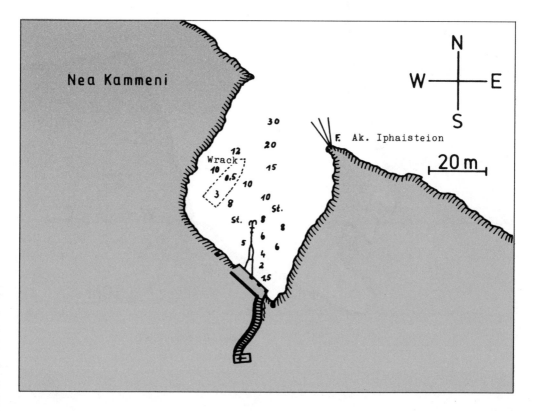

Bucht Insel Palaia Kammeni

36°24′N 025°22,9′E

Auf der Nordostseite von Palaia Kammeni befindet sich diese Bucht. Sie ist an der kleinen Kapelle zu erkennen, die auf einem Felsvorsprung steht. Die Wassertiefen sind bis dicht ans Ufer sehr groß (ca. 20 m), so daß Ankern nicht möglich ist.
Bei ganz ruhigem Wetter kann man z. B. Leinen zwischen einer Felsklippe und dem Land spannen. Einige Festmacheeisen sind bei der Kapelle einbetoniert. Für kurze Zeit kann man auch die Festmacher an der Boje benutzen, solange sie nicht von Kaiken benötigt werden, die täglich Badegäste in diese Bucht bringen. Das Wasser ist warm und grünlich-trüb durch Ausströmen von Schwefel.

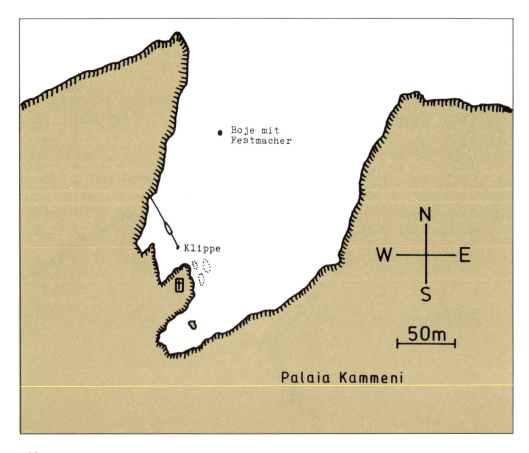

Ormos A. Nikolaou

Insel Thirasia
36°26,4'N 025°21,2'E

Ganz zu Unrecht wird Nisis Thirasia von Yachten wenig besucht, obwohl auch diese Insel mit ihrem vulkanischen Aufbau den gleichen Reiz wie Thira ausstrahlt. Hinzu kommt der große Vorteil, daß man im Ormos A. Nikolaou bei nördlichen Winden weitgehend geschützter liegt als an den anderen beschriebenen Anlegestellen und Ankerplätzen.

Ein freies Ankern ist hier wegen des steil abfallenden Grundes allerdings ebensowenig möglich. Eine kurze Pier vor den Häusern und ein privater Anleger vor einer Taverne bieten begrenzte Festmachemöglichkeiten. Wenn Platz vorhanden, kann man hier längsseits anlegen.

Außer den beiden Tavernen gibt es keine Versorgungsmöglichkeiten. Ein Treppenweg führt in Serpentinen zum Hauptort Manolas hinauf.

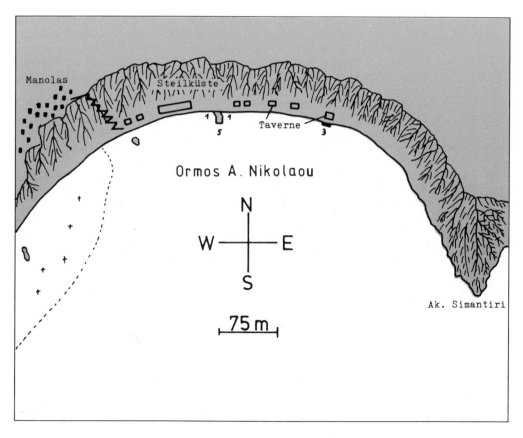

Anlegeplatz Thira

Ormos Skala, Insel Thira/Santorin
36°25,2'N 025°25,7'E

Obwohl die Liegemöglichkeiten mehr als unsicher sind, wird dieser Platz von fast jeder Crew bei einem Kykladentörn eingeplant, um den malerisch am Kraterrand hängenden Hauptort Thira zu besuchen.

Wegen des steil abfallenden Grundes ist das Ankern vor dem befestigten Ufer unterhalb Thiras jedoch nicht möglich.

Für Yachten wie für Fischerboote ist in etwa 40 m Entfernung vom Ufer wieder eine Festmachetonne ausgelegt worden, an der man sternförmig mit einer langen Leine festmachen kann. Auch zum Kai sind lange Festmacher auszubringen. Da die Tonne in großer Tiefe verankert ist, bleibt es nicht aus, daß sie in Richtung Land gezogen wird, je mehr Boote daran festmachen. Um den Zug vom Land weg zur Tonne zu halten, empfiehlt es sich, an der Vorleine ein Reitgewicht oder einen Kettenvorlauf zu befestigen. Außerdem sollten die Segelboote mit den Masten versetzt liegen, um nicht mit den Salings zu kollidieren, wenn durch vorbeifahrende Frachter oder ankommende Kreuzfahrtschiffe und Fähren Schwell entsteht. (Aus diesem Grund ist selbst bei ruhiger Wetterlage das Längsseitsliegen am Kai – womöglich gar im Päckchen! – gefährlich, weil eine an der Steilküste entlanglaufende Welle unversehens großen Schaden anrichten kann.) Unbedingt sollte eine Bordwache für den Fall zurückbleiben, daß die Vorleine zu fieren ist, wenn das Nachbarboot ablegen will.

Das kleine flache Hafenbecken ist ausschließlich für die Zubringer- und Fischerboote bestimmt. Südlich des Molenkopfes besteht eventuell eine begrenzte Möglichkeit, auf 8–10 m Wassertiefe zu ankern und mit einer langen Leine zu einem der Poller an Land die Richtung zu halten, um die Einfahrt zum kleinen Hafenbecken nicht zu blockieren. Dies ist nur bei ruhiger Wetterlage machbar.

Andere Anlegemöglichkeiten gibt es zur Zeit nicht. Bei ablandigem Wind kann man eventuell an der Südküste ankern (siehe Seite 156) und von dort aus die Ausflüge unternehmen, während ein Mann an Bord bleibt. Schließlich bliebe noch die Entscheidung, das eigene Boot in Ios zu lassen und mit einem Ausflugsschiff die vielfach sehenswerte Insel zu besuchen.

Außer von den Kreuzfahrtschiffen, die an den weiter draußen liegenden Festmachetonnen warten, wird Thira regelmäßig von Fähren angelaufen; darüber hinaus besteht Flugverbindung mit Athen.

Am Anlegeplatz einige Tavernen. Ein Treppenweg mit 600 Stufen führt in steilen Serpentinen zum Ort Thira, wo es Lebensmittel, Post und Telefon gibt. Durch die Maultiere, die die Touristen befördern, herrscht auf dem Treppenweg eine drangvolle Enge. Zur Entlastung ist auch eine Drahtseilbahn in Betrieb.

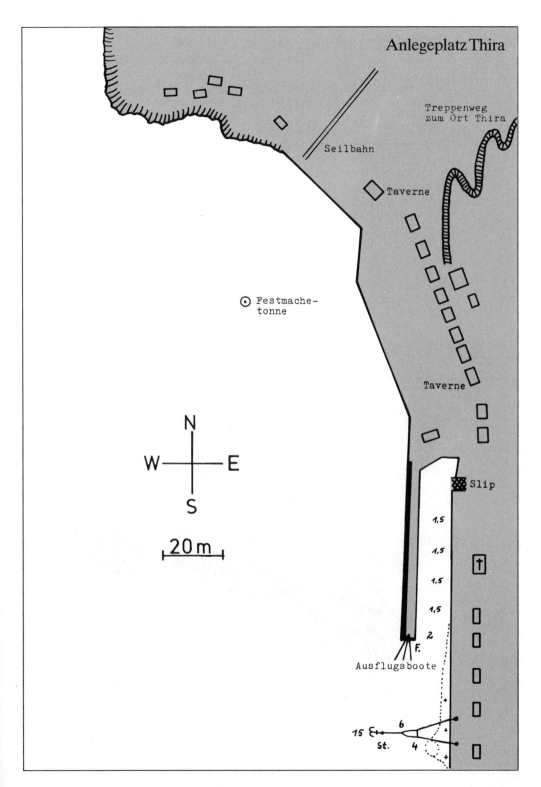

Anlegeplatz Marmariai

Insel Thira/Santorin
36°27,7'N 025°22,7'E

3,5 sm von Thira und 0,5 sm östlich von Ak. A. Nikolaou liegt dieser Anlegeplatz, der bei nördlichen Winden etwas besseren Schutz bietet als der Anlegeplatz vor Thira.

Eine kurze Pier, an der man mit Vorbehalt festmachen kann, und eine Festmachetonne sind vorhanden. Da der Grund steil auf große Tiefe abfällt, ist freies Ankern nicht möglich. Auch hier sollte man zur Sicherheit des Bootes ein Crewmitglied an Bord lassen, wenn längere Landausflüge geplant sind.

Am Ufer einige Häuser und zwei Tavernen. Ein Treppenweg führt nach Marmariai und weiter nach Ia (Epanomeria).

1,7 sm weiter östlich befindet sich der **Ankerplatz Mouzaki,** auf dem man in Küstennähe auf 5–10 m Wassertiefe frei ankern kann. Dieser Ankerplatz soll bei nördlichen Winden gut geschützt sein. Ich habe ihn nicht selbst besucht.

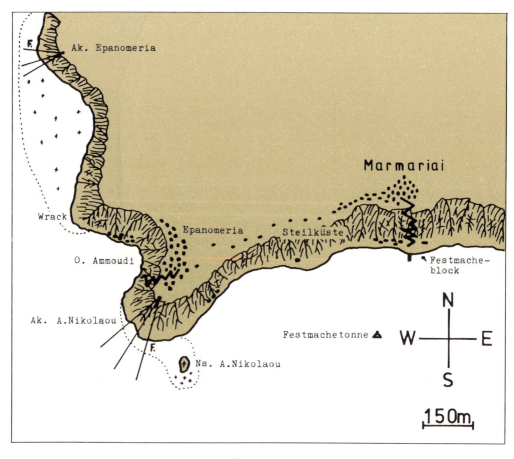

Insel Ios

Seekarten D 673 und 1091

Landschaftlich schöne Insel aus Granit, Marmor und Schiefer mit 103 km² Fläche und dem 735 m hohen Berg Koryphi Pyrgos, an dessen Hang Homers Grab liegen soll. Die 1270 Bewohner leben in erster Linie vom Tourismus, in geringem Maß vom Ertrag der Felder. Der Wassermangel ist im Sommer groß. Ios, durch den Massentourismus in Verruf geraten, bietet dem Sportbootfahrer einen vor Wind und Seegang außerordentlich gut geschützten Hafen. Darüber hinaus sind zahlreiche Buchten mit wunderschönen Sandstränden vorhanden, von denen nur ein kleiner Teil im einzelnen beschrieben wird. Es ist leicht, nach der Seekarte D 673 weitere Buchten an der Südwestseite aufzusuchen, z. B. Ormos Mylopotamou oder Ormos Koumparas. Die sehr offene Bucht an der Nordostküste, Ormos Theodotis, ist starker Brandung ausgesetzt und kann nur bei Windstille bzw. ablandigem Wind besucht werden.

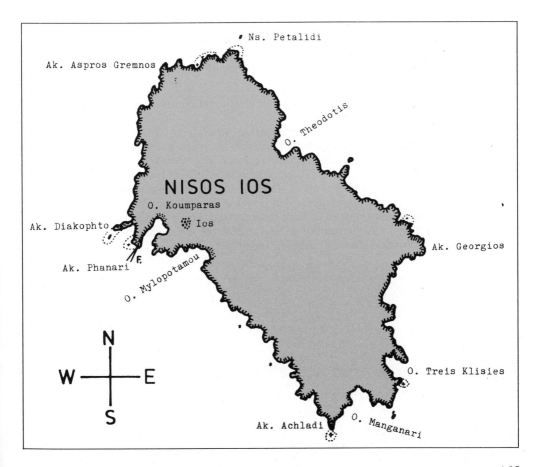

Hafen Ios

Ormos Iou, Insel Ios
36°43,4'N 025°16,3'E

Großer Hafen im Ormos Iou, einer tief nach Nordosten einschneidenden Bucht an der Südwestküste der Insel, geschützt gegen fast alle Windrichtungen.
Die Ansteuerung ist bei Tag und Nacht einfach. Akra Phanari, die westliche Einfahrtshuk, ist befeuert; die kurze Steinschüttung unterhalb der auffälligen Kirche A. Eirini auf der östlichen Huk vor dem Hafen soll ebenfalls ein Feuer tragen. Der östliche Einschnitt des Ormos Iou ist rundum befestigt und als Hafen ausgebaut.
Der Nordkai ist für die großen Linienschiffe freizuhalten, der Südkai für die Fischerboote. Yachten sollten sich mit Buganker und Heckleinen möglichst an den Ostkai legen. Die Wassertiefe ist überall ausreichend. Ankergrund harter Schlick, in dem der Anker nicht immer gleich faßt. Reichlich Kette stecken und den Anker einfahren. Es ist zu beachten, daß durch die Fähren und Ausflugsboote starker Schwell entstehen kann, der sich im Hafen aufschaukelt.
Starke Geruchsbelästigung durch Abwässer.
Wer nicht unbedingt im Hafen festmachen will, kann vor dem breiten Sandstrand im Scheitel von Ormos Iou auch ankern.

Wasser — Sehr knapp auf Ios, notfalls einen Kanister von den Tavernen.
Treibstoff — Nicht jederzeit vorrätig. Problemlose Versorgung im Hafen Naxos.
Lebensmittel — Ausreichend in mehreren Geschäften am Hafen, sonst im Hauptort Ios. Stangeneis eventuell an der im Plan angegebenen Stelle zu erfragen.
Restaurants — Rund um den Hafen viele gute Restaurants.
Post/Telefon — Im Ort Ios.

Reger Fährverkehr zwischen den Inseln und Piräus. Busse zum Hauptort und zu verschiedenen Badebuchten.
Der Ort Ios, einst ein ganz reizendes Kykladendorf, um eine Bergkuppe geschmiegt und von vielen Windmühlen überragt, hat durch den Massentourismus viel von seiner Atmosphäre verloren. Etwa 60 000 Fremde sind es in einem Sommer, zumeist junge Rucksackreisende, die auf Ios in Privatquartieren und auf dem inzwischen eingerichteten Campingplatz Unterkunft finden. Entsprechend ist das Gedränge in den Lokalen am Hafen und im Ort Ios, wo die romantischen Gassen mit Bars gespickt sind. Folge des übermäßigen Fremdenverkehrs sind die zahllosen Neubauten, die das organische Stadtbild stören. Die Windmühlen sind dagegen restlos zerfallen.

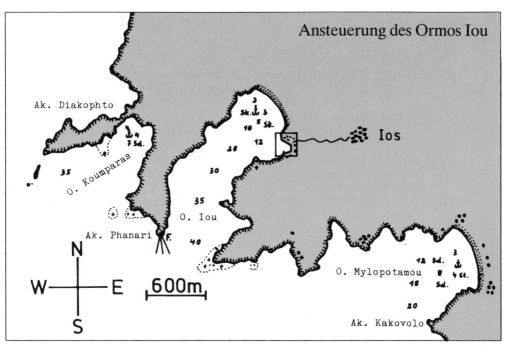

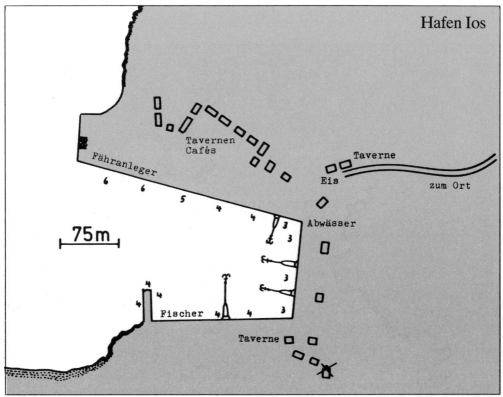

Ormos Manganari

Insel Ios
36°39,4'N 025°22,1'E

Im Süden von Ios liegt diese Bucht, die einige gute Ankerplätze besitzt, aber den Fallböen voll ausgesetzt ist. Schon bei der Ansteuerung kann es Mühe machen, unter Maschine bis zum hinteren Teil zu gelangen.
Je nach Windrichtung liegt man entweder im Westen oder Osten der Bucht dicht vor den Sandstränden am ruhigsten. Der Ankergrund ist harter Sand, weshalb man sich überzeugen sollte, ob der Anker auch gefaßt hat. Gegebenenfalls einen zweiten Anker ausbringen. Die westliche Bucht hat dicht vor dem Sandstrand größere Steine und Felsplatten auf 3 m Wassertiefe, wo der Anker guten Halt findet.
Außer ein paar Ferienhäusern keinerlei Bebauung. Bei starkem Meltemi ist Ormos Treis Klisies für eine Übernachtung weit besser geeignet.
Südwestlich des Ormos Manganari ist in einer Seitenbucht eine Hotelanlage („Hotel Manganari") entstanden. An dem kurzen Privatkai liegen nur kleine Motorboote.

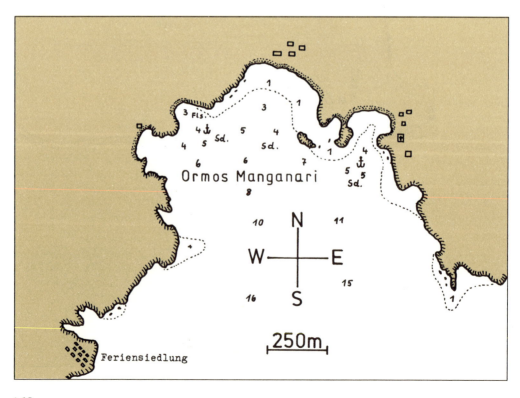

Ormos Treis Klisies

Insel Ios
36°40,3′N 025°23,2′E

Auf der Südostseite von Ios gelegen, ist diese Bucht auf jeden Fall sehr viel besser geschützt als Ormos Manganari.
Bei der Ansteuerung fällt ein großes Sommerhaus im Scheitel der Bucht auf. Die heftigen Fallböen an der Einfahrt zur Bucht werden schwächer, wenn man sich dem empfohlenen Ankerplatz im östlichen Einschnitt nähert.
Am besten ankert man nahe dem felsigen Ufer, wo der harte Sandgrund in stufige Felsplatten übergeht, hinter denen sich der Anker gut verklemmt. Wrackteile eines Kaikis liegen verstreut dazwischen.
Die reizvolle Umgebung macht diesen abgelegenen Ankerplatz zu einem angenehmen Aufenthaltsort.

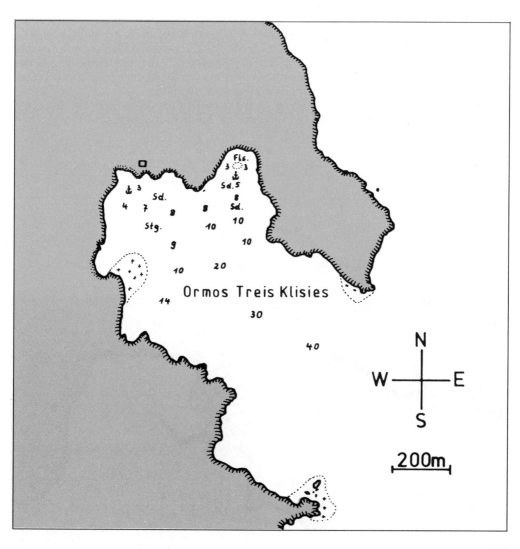

Insel Sikinos

Seekarten D 671 und 1091

Die Insel Sikinos (40 km²) hat nur etwa 330 Bewohner. Die Nordwestküste ist schroff abfallend, das Innere bis 600 m hoch. Der Hauptort in 280 m Höhe ist in einer Stunde Fußweg zu erreichen, vorbei an Terrassen mit Wein, Feigen- und Olivenbäumen. Einziger Landeplatz ist Ormos Skala.
Ormos Skala, 36°40,6′N 025°08,7′E, auf der Südostseite von Sikinos gelegen, bietet nur geringen Schutz gegen nördliche Winde. Das Land ist nicht tief genug eingeschnitten, weshalb der an der Küste entlanglaufende Seegang auch in die Bucht Dünung bringt.
Auf der östlichen Einfahrtshuk brennt ein Feuer, so daß die Ansteuerung auch nachts möglich ist. Laut „Nachrichten für Seefahrer" und Leuchtfeuerverzeichnis ist der Wellenbrecher im Westen der Hafenbucht ebenfalls befeuert.
Da ich diesen Platz zuletzt vor der Verlängerung des Wellenbrechers besucht habe, ist mir nicht bekannt, ob dahinter bessere Anlegemöglichkeiten entstanden sind. Am besten ankert man inmitten der Bucht über reinem Sandgrund. Vor dem befestigten Ufer ist die Wassertiefe gering.
Die Häuser ringsum machen ein gepflegten, freundlichen Eindruck. Bootsverkehr nach Ios, Fähre über verschiedene Inseln nach Piräus.

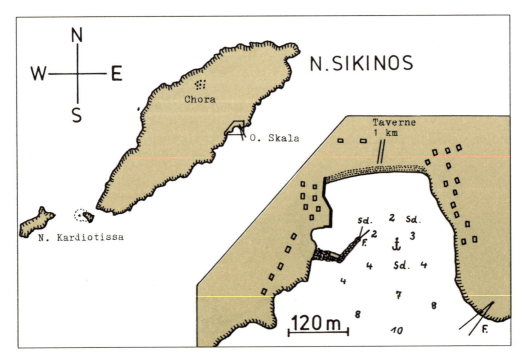

Insel Pholegandros

Seekarten D 671 und 1091

Pholegandros (32 km²) besteht aus zwei sich unterscheidenden Teilen: Die Nordost- und die Südküste sind steil und unzugänglich, teilweise von 300 m Höhe ins Meer abfallend, im Inneren mit einem Gipfel von 415 m; der westliche Teil der Insel ist sanfter ansteigend, bis 311 m hoch und auf Terrassen mit Getreide und Bohnen bebaut.
Die 800 Bewohner verteilen sich auf die Chora, Ano Meria im Westen, den Hafenort Karavostasi im Osten und einzelne Gehöfte.
Fällt schon in Karavostasi die stille Atmosphäre auf, so ist der Hauptort mit seinen schattigen Plätzen und sauberen Gassen das Musterbeispiel eines friedlichen Kykladendorfes. Der Aufstieg zur weithin sichtbaren Kirche, die vermutlich auf dem Gelände der antiken Siedlung steht und zu der ein bequemer Serpentinenweg führt, ist wegen der herrlichen Aussicht sehr zu empfehlen.

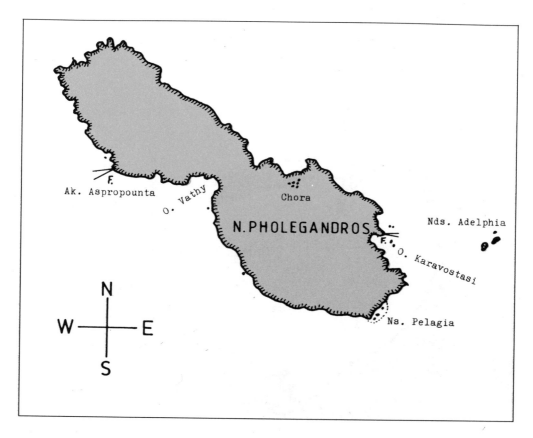

Ormos Karavostasi

Insel Pholegandros
36°36,9′N 024°57′E

Diese an der Ostseite von Pholegandros gelegene Bucht bietet bei nördlichen Winden nur geringen Schutz, da durch reflektierenden Seegang das Liegen ungemütlich werden kann. (Ausweichmöglichkeit siehe Ormos Vathy.)
Die Ansteuerung ist bei Tag sehr einfach, nachts muß man auf die beiden kleinen Felsinseln Dyo Adelphia achten, die inmitten der Einfahrt liegen. Sie werden durch das Sektorenfeuer Karavostasi auf der nördlichen Huk abgedeckt. Das nördliche Ufer der Bucht wurde in den letzten Jahren ausgebaut, so daß jetzt für Yachten bessere Liegemöglichkeiten bestehen. Die Pier wurde verlängert und trägt ein Molenlicht. Die Wassertiefe reicht zum Anlegen überall aus. Bei umlaufender Dünung kann man auch frei ankern.
Am Hafen eine Taverne, ein Café und ein Minimarkt. Weitere Einkaufsmöglichkeiten im Hauptort, Chora, wohin ein Kleinbus verkehrt (3 km). Dort auch Postamt und Telefon.
Fährverbindung über Sikinos–Ios–Naxos–Paros nach Piräus.

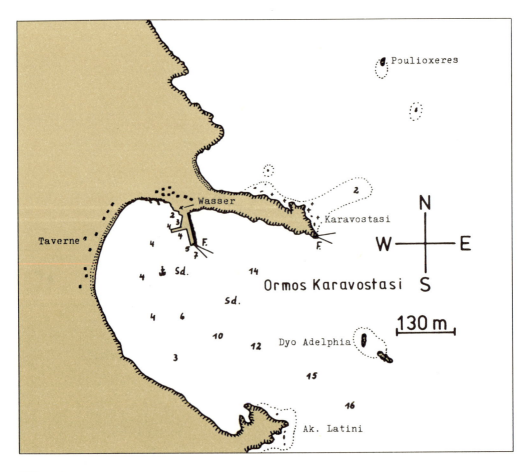

Ormos Vathy

Insel Pholegandros
36°37,8'N 024°53,6'E

Diese landschaftlich sehr reizvolle Bucht an der Südküste von Pholegandros bietet bei nördlichen Winden guten Schutz. Die Ansteuerung ist bei Tag einfach, eine gute Landmarke sind die Neubauten im Scheitel der Bucht. Da frei von Untiefen, kann die Bucht auch nachts angelaufen werden. Allerdings ist die einzige Befeuerung 1,3 sm westlich der Einfahrt auf dem Kap Aspropounta.
Man ankert auf beliebiger Wassertiefe über gut haltendem Sandgrund. Fallböen können heftig über die Berge kommen.

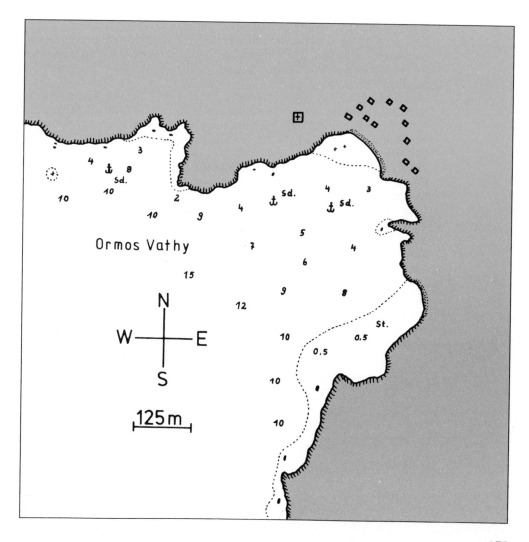

Inseln Milos, Antimilos, Kimolos und Polyaigos

Seekarten D 671 und 1091

Diese Inseln gehören zur sogenannten Milos-Gruppe, die den westlichsten Teil der Kykladen darstellt.
Milos (150 km^2) hat etwa 5000 Bewohner. Der höchste Berg ist ca. 750 m hoch. Die Insel wirkt von See kommend steil und kahl, hat jedoch viele schöne Sandstrände. Die Hügel und Täler im Inneren der Insel sind spärlich bepflanzt. Die Wasserarmut wird durch reiche Mineralvorkommen wettgemacht (Schwefel, Alaun, Bimsstein, Gips, Kaolin, Perlit).
Sicherster und für die Versorgung bester Hafen ist Adamas im Ormos Milou. Die tiefe Bucht von Milos hat außerdem einige gute Ankerplätze.
Eine geologische Besonderheit sind die sogenannten Möweninseln oder Glaronissi, im Norden vor Milos liegend, die in der Seekarte D 671 als Vr. Kalogeroi bezeichnet werden. Die Besichtigung aus der Nähe ist nur bei ruhiger See möglich.
Während Antimilos völlig unzugänglich ist, sind verschiedene Buchten an der Südküste von Milos sowie bei Kimolos und Polyaigos für Badeaufenthalte und bei ruhigem Wetter auch zur Übernachtung gut geeignet. In Ormos Voudia an der Ostküste von Milos befindet sich eine Erzverladeanlage (siehe Plan D der D 1091).
Für Yachtfahrer, die ohne großen Aufenthalt von Milos nach Athen wollen, ist folgende Überlegung angebracht: Da bei starkem Nordwind vor dem Ormos Milou hohe Dünung steht und ein Aufkreuzen nach Siphnos oder Seriphos viel Umstände macht, kann ein Ablaufen nach Ydra oder in Richtung Argolischer Golf vorteilhaft sein. Zwar schreckt zunächst die größere Entfernung, aber das Vorwärtskommen ist in der Nähe des Peloponnes reibungsloser als das Aufkreuzen von Insel zu Insel, so daß am Ende der Zeitaufwand derselbe sein dürfte.

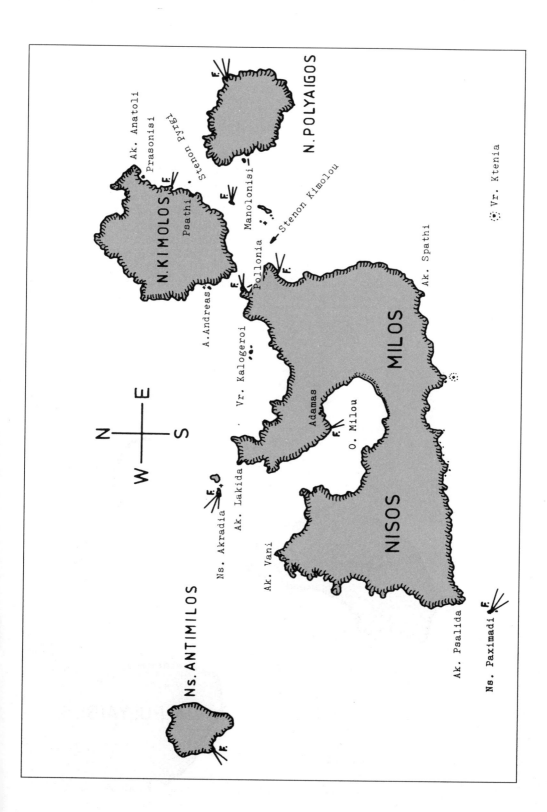

Ankerplatz an der Westküste der Insel Polyaigos

36°46′N 024°36,5′E

1,5 sm östlich der im Stenon Pyrgi gelegenen Leuchtturminsel A. Evstathios befindet sich eine sehr schöne und gegen Meltemi gut geschützte Bucht, wenn auch die Fallböen heftig über die Hügel kommen.
Südlich der kleinen Insel Manolonisi reicht tiefes Wasser bis dicht an die Küste. Man ankert am besten im Schutz dieser Insel auf 4–6 m Wassertiefe auf gut haltendem Sandgrund. Zu den Ufern hin geht der Sandgrund in Felsplatten über. Eine Durchfahrt zwischen der Insel Manolonisi und Polyaigos ist wegen einer felsigen Untiefe mit 1–1,50 m Wasser nicht möglich.
Der Ankergrund mit dem türkisfarbenen Wasser und den zerfurchten weißen Ufern liegt sehr einsam. Nur 0,5 sm südlich davon befindet sich ebenfalls eine sehr brauchbare Ankerbucht, die in einem breiten Sandstrand endet. Die Wassertiefen nehmen gleichmäßig zum Strand hin ab, der Ankergrund ist Sand.

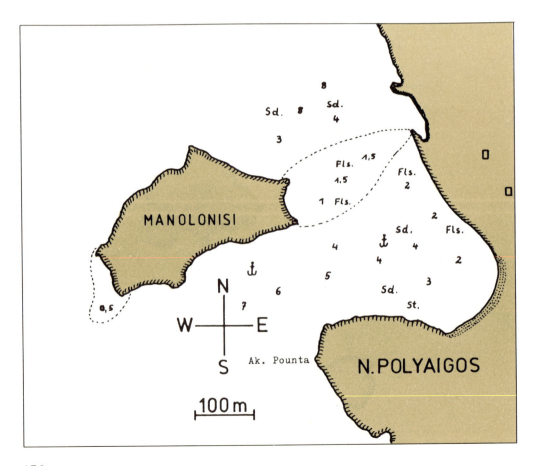

Ankerbucht Prasonisi

Insel Kimolos
36°49,5′N 024°36′E

Versteckt hinter dem Nordostkap von Kimolos, Ak. Anatoli, befindet sich eine Bucht, die durch die kleine Insel Prasonisi geteilt wird und guten Schutz auch bei Meltemi bietet.
Bei der Ansteuerung fallen die verschiedenen Verladerampen auf, die von weißen Halden umgeben sind. Eine Festmachetonne liegt in der westlichen Einbuchtung. Die Wassertiefen sind in beiden Teilen zum Ankern geeignet. Im östlichen Teil ist auf die Klippen zu achten. Ankergrund feiner Sand. Die Passage hinter der Insel ist wegen seichten Wassers nicht möglich.
Keine Versorgungsmöglichkeit.

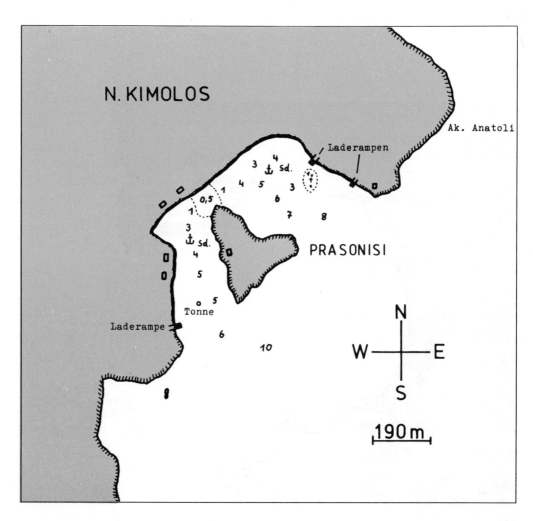

Hafen Psathi

Insel Kimolos
36°47,2'N 024°34,7'E

Psathi, der Fährhafen von Kimolos, in der Seekarte D 671 namentlich nicht erwähnt, liegt an der Südostseite der Insel, 0,6 sm nordwestlich der Leuchtturminsel A. Evstathios.

Bei der Ansteuerung ist der Ort Kimolos mit den zahlreichen Windmühlenruinen auf dem Bergrücken von weitem zu erkennen.

Die Bucht mit der kurzen Pier und dem Fähranleger an der Osthuk hat zum Sand-Kies-Strand hin gleichmäßig abnehmende Wassertiefen und Ankergrund aus Sand, Mud und Steinen.

Yachten können auf beliebiger Wassertiefe ankern oder am Kopf der Pier mit Buganker und Heckleinen festmachen. Ein weiterer Anlegeplatz befindet sich an der Westseite des Fähranlegers.

Am Hafen einfache Tavernen. Wasser nicht zu bekommen. Im Hauptort Kimolos bescheidene Verpflegungs- und Einkaufsmöglichkeiten.

Kimolos ist um das mittelalterliche Kastell herumgebaut, das gerade noch an erhaltenen Mauern zu erkennen ist. Mehr imponiert der Ausblick über die Insel aufs Meer.

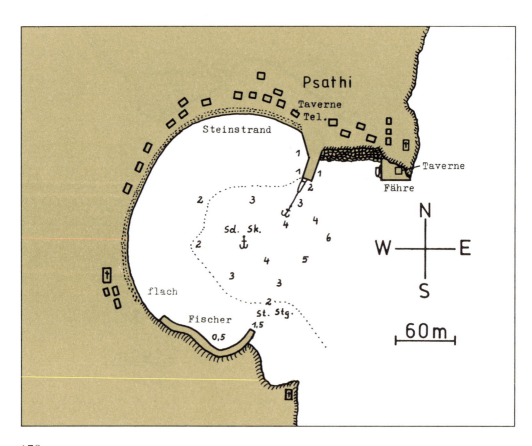

Ankerplatz bei Vr. A. Andreas

Insel Kimolos
36°47,2'N 024°31,7'E

An der Westseite von Kimolos, nördlich von Ak. Kampana, liegt dieser schöne Ankerplatz, geschützt durch das Eiland Vr. A. Andreas.
Die Wassertiefen zwischen der Insel und Ak. Kampana betragen um die 4 bis 5 m. Dort ist der Ankergrund feiner Sand. Zum Inneren der Bucht hin nimmt die Wassertiefe ungleichmäßig ab durch Mauerreste und eine Mole, die man unter Wasser deutlich erkennen kann. Es handelt sich um Reste von Elleniko, der antiken Siedlung Kimolos, die durch Veränderungen der Küste teilweise im Meer versank.

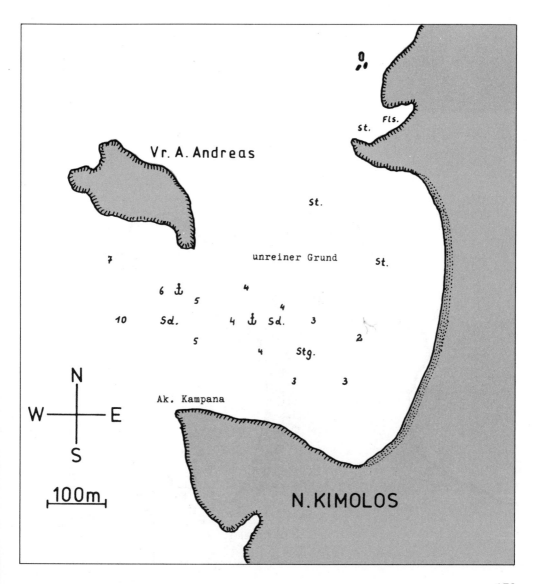

Hafen und Bucht Pollonia

Insel Milos
36°46′N 024°31,6′E

Unsichere, gegen Nordwind ungeschützte Bucht am Nordostkap von Milos mit einer etwa 40 m langen Fischerpier, die auch den Fährbooten nach Kimolos dient.

Die Ansteuerung sollte wegen der klippenreichen Umgebung nur bei Tag erfolgen. Die südöstlich von Pollonia gelegene Halbinsel Pilonisi (siehe Plan D der D 1091) fällt durch verschiedenfarbige Gesteinsschichten auf, die im Tagebau abgetragen und an den Kaianlagen im Ormos Voudia verladen werden. Gute Landmarke für den Ort Pollonia ist eine auffällige weiße Kirche.

Am Kopf der Fischerpier beträgt die Wassertiefe 2–2,50 m. Es ist wenig Platz, weshalb man nur kurzfristig anlegen sollte. Vor dem Strand kann man auf beliebiger Wassertiefe ankern. Grund Sand und Mud mit vereinzelten Steinen.

Der Ort bietet nichts Sehenswertes, er ist für die Fährverbindung mit Kimolos wichtig. Man findet zwei Tavernen und ein Café am Hafen, in einem der Läden gibt es Telefon. Bus nach Milos.

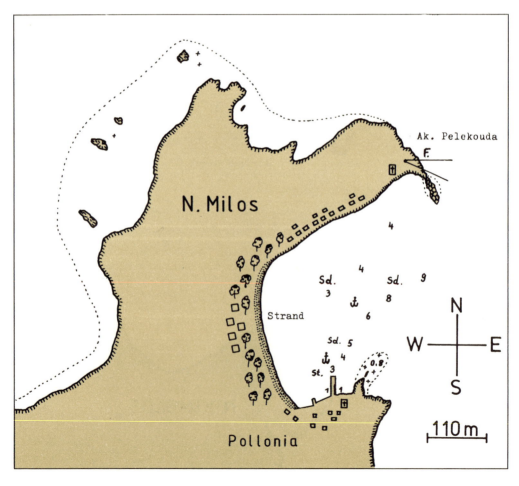

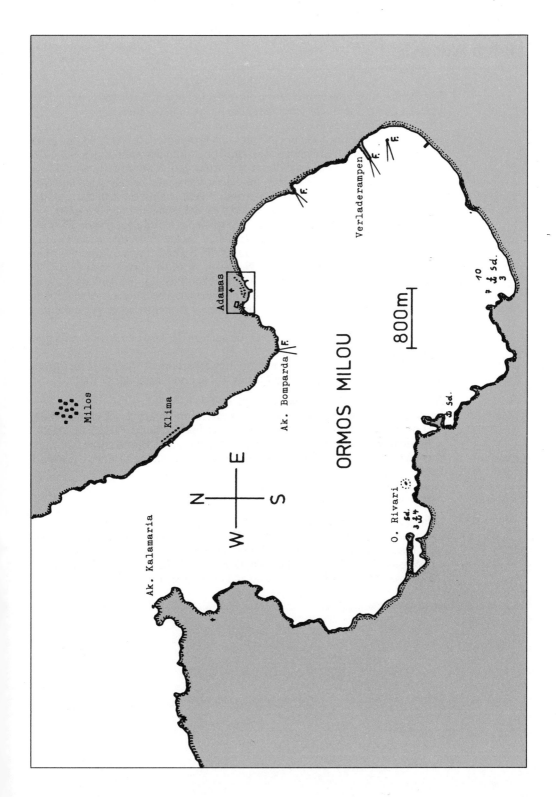

Hafen Adamas

Ormos Milou, Insel Milos
36°43,5'N 024°27'E

Für die Schiffahrt ist Ormos Milou einer der sichersten Naturhäfen des Mittelmeeres. Die große Bucht schneidet über 5 sm tief in die Insel ein.

Die Ansteuerung des Hafens Adamas, der im Norden des Ormos Milou liegt, ist bei jeder Wetterlage Tag und Nacht ohne Probleme. Von Westen kommend, hält man zunächst ausreichend Abstand von Antimilos, weil in der Nähe der 686 m hohen Insel meist Fallböen zu erwarten sind. Man steuert dann auf die Leuchtturminsel Akradia zu, bis man die rostrote, steil abfallende Einfahrtshuk Ak. Vani deutlich ausmachen kann. Nachts hält man zunächst auf das Leuchtfeuer von Ak. Bomparda zu und schwenkt dann in den Hafen ein.

Sportboote können an der kleinen Pier östlich des Fähranlegers zu beiden Seiten vor Buganker mit Heckleinen festmachen. An der Stirnseite wenig Festmachemöglichkeit. Die Pier ist nachts durch die Beleuchtung an Land gut zu erkennen. Bei den vorherrschenden Nord- bis Nordostwinden ist der sicherste Liegeplatz an der Innenseite der abgewinkelten Pier. An der Außenseite muß man wegen der Fallböen reichlich Kette stecken und bei längerer Abwesenheit eventuell einen zweiten Buganker ausbringen. Ankergrund ist gut haltender Sand und Schlick.

Wenn Platz vorhanden, können Yachten auch an der Ostseite des Fähranlegers längsseitsgehen.

Bei ruhiger Wetterlage finden Sportboote viele schöne Ankerplätze im Ormos Milou (siehe vorstehenden Plan Ormos Milou und Plan C der D 1091).

Wasser	Am Fähranleger (keine Trinkwasserqualität).
Treibstoff	Diesel, Benzin und Super von der weit entfernten Tankstelle (Richtung Pollonia) oder vom Tankwagen. Auch in Triovasalos (Richtung Plaka) Tankstelle, außerdem Autozubehörladen mit Werkzeug und etwas Bootsbedarf.
Lebensmittel	Ausreichende Versorgung in verschiedenen Geschäften. Morgens Gemüse-Esel.
Restaurants	Gute Tavernen und Cafés am Hafen.
Post/Telefon	Am Hafen.

Fähren über verschiedene Inseln nach Piräus. Busse über die Insel.

Lohnend ist ein Ausflug nach Plaka (Milos-Stadt), von wo ein herrlicher Überblick über die Insel und die Bucht Milos gegeben ist. Unterhalb des Ortes führt ein Weg zu den frühchristlichen Katakomben (3. Jahrh.), zum Fundort der „Venus von Milo" (1. Jh. v. Chr.) und zu einem kleinen antiken Theater.

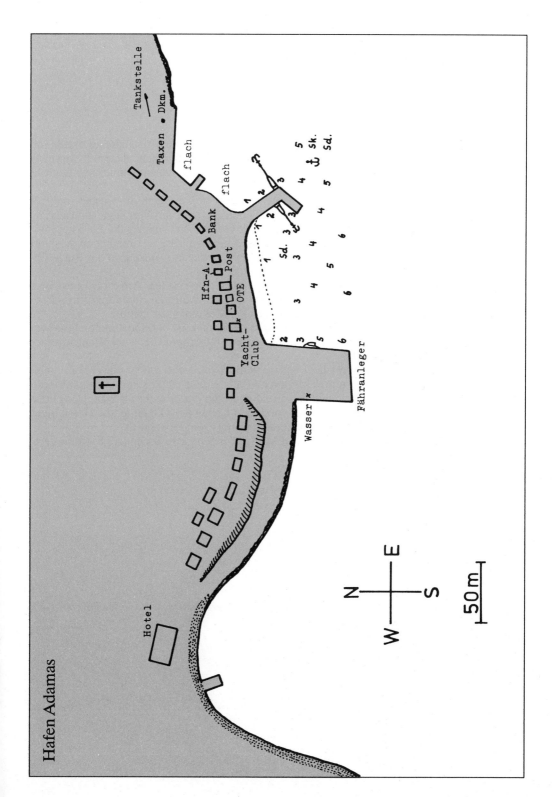

Insel Siphnos

Seekarten D 671 und 1090

Siphnos (74 km^2), von See her kahl und unzugänglich erscheinend, hat in seinem Inneren fruchtbare Hochebenen und Talschluchten, die landwirtschaftlich gut genutzt werden. Besonders zahlreich sind Olivenbäume. Der höchste Berg ist der Oros A. Ilias mit 695 m.

Navigatorisch ergeben sich keine Schwierigkeiten, denn die Küsten sind frei von Untiefen bis auf die wenigen Klippen, die nahe am Ufer liegen und aus der Seekarte D 671 klar zu erkennen sind. Gefährlich ist einzig die Felsklippe Vr. Tsoukala nordwestlich des Nordkaps, Ak. Philippos, die in sicherem Abstand zu passieren ist. Dies gilt vor allem bei nächtlichem Ansteuern der Bucht Ormos A. Georgiou.

So schön der Anblick der Nordostküste ist, eine sichere Ankerbucht existiert dort nicht. Ormos Kastro ist nur bei ruhigem Wetter anzulaufen. Ormos Pharos im Südosten dagegen bietet auch bei Meltemi guten Schutz.

An der Westküste liegen der Fährhafen Kamarais, der Sportbooten gute Versorgung bietet, und Ormos Vathy, ein absolut sicherer, auch bei Nacht anzulaufender Ankerplatz.

Die abwechslungsreiche Landschaft der Insel wird jeden Reisenden beeindrucken. Im Altertum reich durch Gold-, Silber- und Ockervorkommen (die Minen liegen jetzt unter Wasser), haben die kaum mehr als 2000 Bewohner heute ein gutes Auskommen durch den Ertrag der Ölbäume, die Herstellung sehr begehrter Töpferwaren und ein wenig Fremdenverkehr.

Schiffsverbindung besteht von Milos über Siphnos−Seriphos−Kythnos nach Piräus.

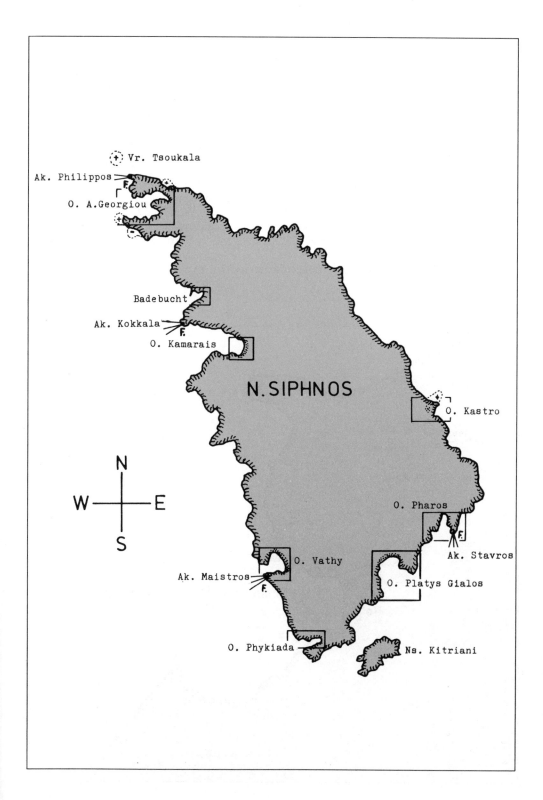

Ormos Kastro

Insel Siphnos
36°58,5′N 024°45,2′E

Dieser landschaftlich wunderbar gelegene Ankerplatz an der Ostküste von Siphnos kann nur bei ganz ruhiger Wetterlage angelaufen werden. Zu gering ist die Einbuchtung in die steile Küste, als daß hier Schutz vor Winden und Seegang zu erwarten wäre.
Der Ankergrund im südlichen Teil ist Sand, während direkt vor dem schmalen Strand, wo ein Bach ins Meer mündet, außer Sand große Steine sind. Hier kann man zum Felsen hin eine Leine ausbringen. Der kleine Fischerkai eignet sich wegen zu geringer Wassertiefe höchstens zum Anlegen mit dem Beiboot.
Der Ort Kastro, dessen weiße Häuser und gewundene Gassen um die Bergkuppe geschart sind, ist auf steilen Pfaden zu erreichen. In der Antike lag hier die Hauptstadt der Insel. Die Befestigungsmauern sind mit Marmorquadern durchsetzt.
Geringe Versorgungsmöglichkeiten im Ort, zwei Tavernen.

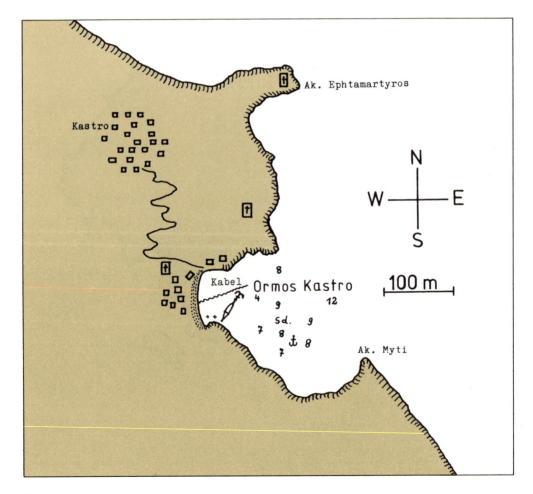

Ormos Pharos

Insel Siphnos
36°56,6′N 024°45,4′E

Sehr gut geschützt, außer gegen Südwind, ist diese tief ins Land einschneidende Bucht an der Ostküste von Siphnos. Sie ist frei von Untiefen bis auf eine Klippe nahe dem Inselchen Chrysopigi, das durch eine gemauerte Brücke mit Siphnos verbunden ist und eine anmutige Kirche trägt.

Ein Leuchtfeuer auf der äußeren östlichen Einfahrtshuk Ak. Stavros erleichtert nachts die Ansteuerung.

Man kann entweder in der nordwestlichen Einbuchtung oder direkt vor dem Ort Pharos ankern. Ankergrund Sand. Hier liegt man auch bei starkem Meltemi bestens geschützt. Vor dem befestigten Ufer sind die Wassertiefen gering. Bescheidene Verpflegung in den Tavernen.

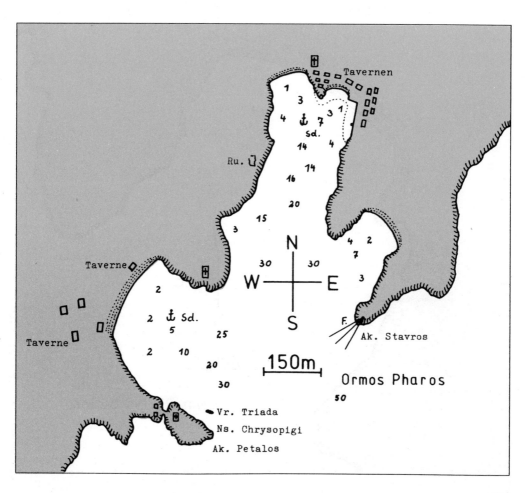

Ormos Platys Gialos

Insel Siphnos
36°55,7′N 024°44′E

Auf der Südostseite von Siphnos liegt diese weiträumige Bucht, die guten Ankergrund aus Sand hat und Schutz vor nördlichen Winden bietet, wenn auch umlaufende Dünung sich oft unangenehm bemerkbar macht. Man ankert am besten im Norden der Bucht auf beliebiger Wassertiefe.

In der Bucht herrscht reger Badebetrieb, zahlreiche Häuser und Strandbars sind ringsum verteilt. An einem kleinen Anleger im Westen der Bucht machen Ausflugsboote fest.

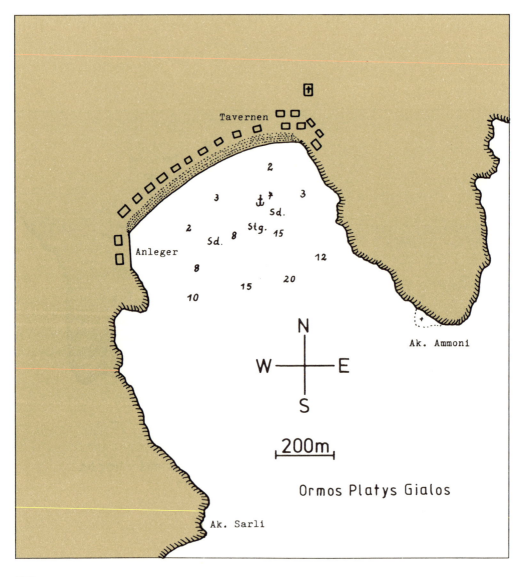

Ormos Phykiada

Insel Siphnos
36°54,3′N 024°42,3′E

Diese tief nach Osten einschneidende Bucht an der Südwestseite von Siphnos bietet sehr gute Ankermöglichkeit. Die Wassertiefen von 60 m in der Einfahrt nehmen zum leider verschmutzten Strand hin gleichmäßig ab. Die Bucht ist frei von Untiefen, Ankergrund Sand und Mud, teilweise mit Seegras bewachsen.

Nur eine kleine Kapelle mit einem Wohnhaus daneben schmiegt sich an die Nordflanke der Bucht. Sonst herrscht absolute Einsamkeit.

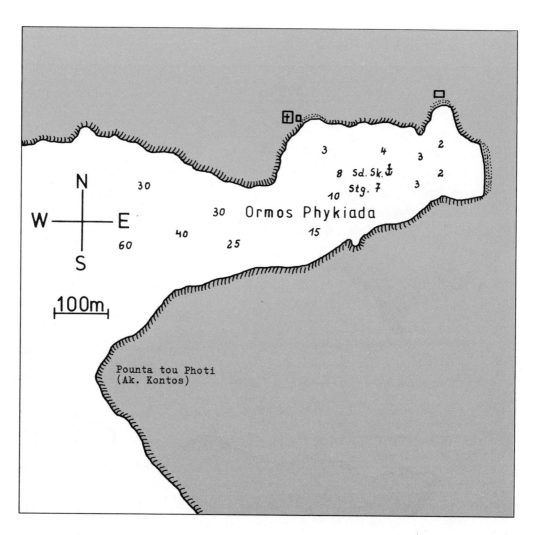

Ormos Vathy

Insel Siphnos
36°55,8′N 024°41,4′E

Eine der bestgeschützten Buchten an der Westküste von Siphnos, die bei Tag und Nacht gut anzulaufen ist. Auf der südlichen Einfahrtshuk, Ak. Maistros, brennt ein Feuer. Die Bucht ist frei von Untiefen und läuft zum Strand hin gleichmäßig aus.
Man ankert auf beliebiger Wassertiefe über Sandgrund, der teilweise mit Seegras bewachsen ist. Platz zum Schwojen ist genügend vorhanden. Der kleine Anlegekai vor der Kapelle ist für Ausflugsboote bestimmt und hat nur geringe Wassertiefen.
An der Nordseite der Bucht im Ort Taxiarchis befinden sich Tavernen und ein bescheidener Laden. Sonst keine Versorgungsmöglichkeiten.
Die Bucht ist von Hügeln eingeschlossen, die mit Olivenbäumen bewachsen sind. Vereinzelte Ferienhäuser liegen ringsum. Im ganzen ein stiller, friedlicher Ankerplatz.

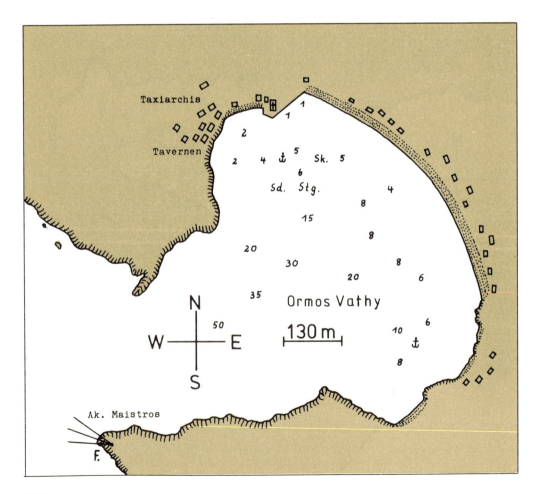

Hafen Kamarai

Insel Siphnos
36°59,6′N 024°40,7′E

Die breite Bucht Ormos Kamarais schneidet an der Westküste von Siphnos 1 sm tief ins Land ein. Sie ist gegen nördliche Winde einigermaßen geschützt, wegen der hohen Berge jedoch Fallböen ausgesetzt.
Die Ansteuerung ist bei Tag und Nacht einfach. Die nördliche Einfahrtshuk, Ak. Kokkala, ist befeuert, ebenso die südliche Küste und die zu einem ca. 50 m langen Fährkai verlängerte Außenmole. Yachten legen am Kai zwischen den beiden Molen mit Buganker und Heckleinen an. Die Wassertiefe am Kai beträgt zwischen 2 und 3 m mit Ausnahme einer flacheren Stelle (siehe Plan).

Wasser	Am Kai Wasserhahn (gegen Bezahlung).
Treibstoff	Tankstelle im Hauptort Apollonia. Tankwagen beim Kiosk am Kai zu bestellen.
Lebensmittel	Ausreichende Einkaufsmöglichkeiten direkt am Hafen, auch Stangeneis.
Restaurants	Tavernen und Cafés am Hafen.
Post/Telefon	In Apollonia (5 km, mit Taxi oder Bus).

Der Hafen Kamarai macht mit den weißen Treppchen und zartschattigen Tamarisken vor den Tavernen einen freundlichen Eindruck. Man kann hier handgefertigte Töpferwaren kaufen.
Apollonia, der Hauptort der Insel, liegt in 200 m Höhe; die Straße dorthin führt an einem Flußbett entlang, das zu beiden Seiten sehr malerische Terrassenhänge hat.

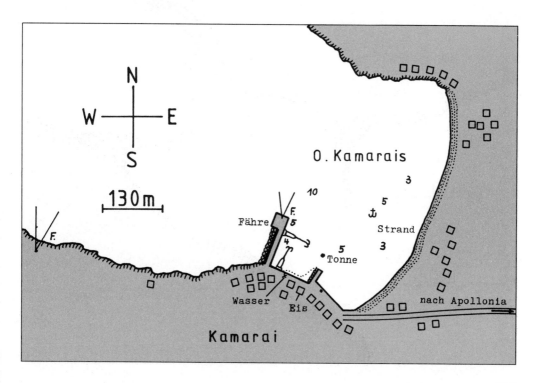

Badebucht nördlich vom Hafen Kamarai

Insel Siphnos
37°00,4′N 024°39,6′E

Nur 4 kbl nördlich des Kaps Kokkala schneidet diese schöne Badebucht nach Nordosten ins Land ein. Bei der Annäherung aus Norden oder Westen fällt als Ansteuerungshilfe eine Felszunge auf, die schräg zum Meer hin abfällt. Die Einfahrt der Bucht hat tiefes Wasser. Erst 100 m vor den beiden Kies-Stein-Stränden, die sich ins Innere der Insel als Schluchten fortsetzen, wird das Wasser flacher, der Grund geht in Sand über.

Man ankert am besten zwischen den beiden Stränden auf 3–5 m Wasser über Sandgrund. Nahe an den Stränden wird der Grund felsig und ist mit großen Steinen und Felsplatten durchsetzt.

Für einen Badeaufenthalt sehr schön gelegene Bucht, die allerdings bei nördlichen Winden heftigen Fallböen ausgesetzt ist.

Eine weitere Seemeile nördlich liegt die **Vourlithia** genannte, ebenfalls zum Baden sehr gut geeignete Bucht (ohne Plan), die aber nach Westen sehr offen ist. Die Wassertiefen nehmen gleichmäßig ab, in der Nähe des Kiesstrandes ist guter Sandgrund. Auch diese Bucht ist von hohen Bergen umgeben und deshalb nicht ohne Fallböen. Nur zwei Ruinen im Scheitel, sonst keine Bebauung.

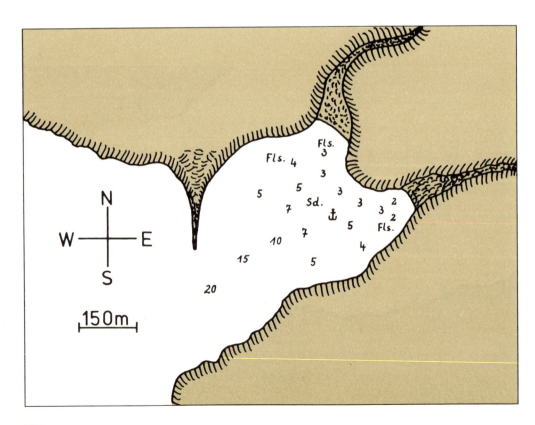

Ormos A. Georgiou

Insel Siphnos
37°02,2′ N 024°39′ E

Versteckt in einem gekrümmten, fjordähnlichen Einschnitt liegt dieser sehr gut geschützte Ankerplatz an der Nordwestseite von Siphnos.
Die Ansteuerung bei Tag ist einfach. Von Süden kommend, ist eine auffällige Landmarke südlich der Einfahrt ein weißes Gebäude (Kirche?) mit weißem Treppenweg zum Meer hinab. Bei nächtlichem Einlaufen muß sorgfältig nach der Seekarte D 671 navigiert werden. Die ca. 800 m breite Einfahrt hat Wassertiefen von etwa 70 m und ist bis zu den steilen Ufern hin rein. Da der Grund aus großer Tiefe allmählich ansteigt und erst im letzten Drittel der nördlichen Bucht brauchbare Wassertiefen aufweist, ist es wohl am zweckmäßigsten, so weit wie möglich an den Sandstrand heranzufahren und dann zu ankern. Hierbei wird der Schwenkkreis eingeengt, weshalb man eventuell eine Leine zum gegenüberliegenden Ufer oder einen Heckanker ausbringen sollte. Ankergrund Sand und Steine, mit dichtem Seegras bewachsen. Der kleine Kai hat nur flaches Wasser und wird von den Fischerbooten beansprucht.
Zwei Tavernen am Strand, einige Grundnahrungsmittel. (Versorgung im Hafen Kamarai, etwa 3 sm südlich.)
Die Bucht Georgios ist ein stimmungsvoller Platz fernab aller Zivilisation. Zwei der ehemals zahlreichen Töpferwerkstätten sind noch in Betrieb und verkaufen ihre Waren an die wenigen Besucher, die von Kamarai mit Ausflugsbooten für ein paar Stunden hierherkommen.

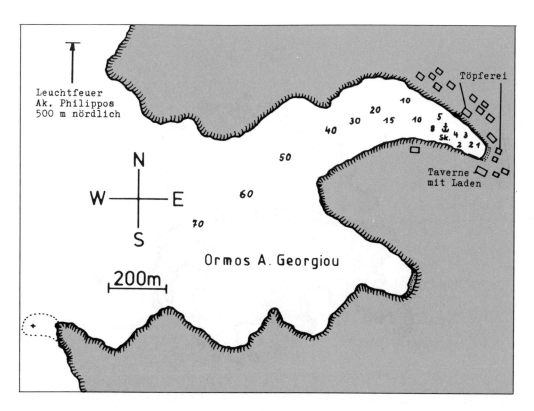

Insel Seriphos

Seekarten D 671 und 1090

Obwohl der Name der 73 km² großen Insel „unfruchtbar" bedeuten soll, ist doch manches Stück Bauernland gut genutzt, und sei es durch künstliche Bewässerung. Zwiebeln, Kapern, auch Weinreben gedeihen hier. Der frühere Erzabbau hat keine Bedeutung mehr.
Jeder Weg ins Innere der Insel wird durch steile Pfade erschwert. Der Fremdenverkehr ist im Verhältnis zu den vielen vorhandenen Buchten noch gering. Yachten laufen meist nur den Fährhafen Leivadion an der Südostseite an. Er ist für die Versorgung und auch für längere Aufenthalte sehr gut geeignet. (Nicht zu verwechseln mit der Bucht Mega Leivadi an der Westküste, dem ehemaligen Erzverladeplatz.) Abgesehen von den außerordentlich starken Fallböen in der Einfahrt, ist Leivadion bei Meltemi der sicherste Liegeplatz neben Ormos Koutala, wo keine Versorgung gegeben ist.
Bei ruhigem Wetter können selbstverständlich viele andere Ankerplätze wahrgenommen werden.
Die Hälfte der Bewohner (insgesamt 1300) lebt in Seriphos oberhalb des Hafens und in Leivadion, der Rest ist auf weitere, meist hoch in den Bergen liegende Orte verteilt.

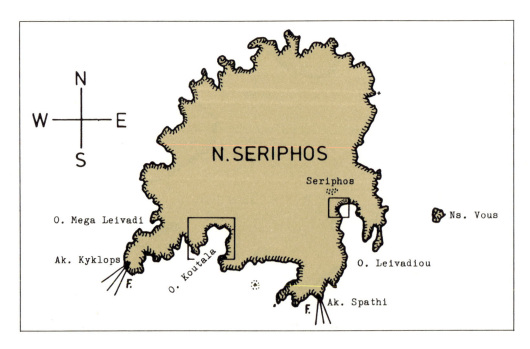

Ormos Koutala

Insel Seriphos
37°08′N 024°27,5′E

Tief nach Norden einschneidende Bucht an der Südküste von Seriphos. Trotz der über die Berge kommenden Fallböen liegt man hier gut und sicher vor Anker. Je nach Windrichtung kann man im nordöstlichen oder nordwestlichen Einschnitt vor den wenigen Häusern ankern. Der Grund ist Sand. Zum Schwojen ist viel Platz vorhanden. Notfalls kann man noch Leinen zum Land ausbringen, die an den zwei großen, im Kiesstrand eingegrabenen Ankerflunken befestigt werden. Von den Ankerflunken in Richtung der außer Betrieb befindlichen Erzverladerampen liegen schwere Ketten auf dem Grund, die von den eingezogenen Festmachetonnen stammen dürften.

Es ist ein schöner, einsamer Ankerplatz, jedoch gänzlich ohne Versorgungsmöglichkeiten.

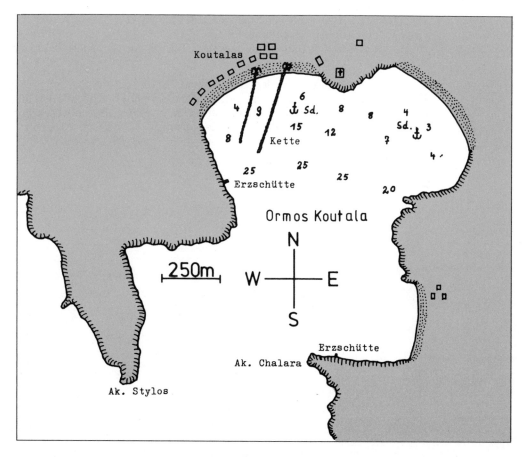

Hafen Leivadion

Insel Seriphos
37°08,6'N 024°31'E

An der Südostseite von Seriphos gelegener, sicherer Hafen im Scheitel der tief nach Norden einschneidenden Bucht Ormos Leivadiou.
Die Ansteuerung kann bei Tag und Nacht erfolgen. Der Leuchtturm an der Westhuk der Einfahrt, Ak. Spathi, gibt schon von weitem eine gute Ansteuerungshilfe. Nachts sind auch der Molenkopf und die Pier befeuert. Bei starkem Meltemi kann das Einlaufen unter Segeln allein fast unmöglich werden, da starke Fallböen von den Bergen kommen.
Sportboote können nur an der Pier vor Buganker mit Heckleinen festmachen. Die Fischer beanspruchen die inneren Plätze, an denen die Wassertiefe zum Ufer hin schnell abnimmt. Anker weit in Windrichtung ausbringen, da die Böen seitlich mit großer Stärke einfallen. Man kann auch frei ankern. Ankergrund ist sehr gut haltender Sand, mit Seegras bewachsen.
Am Kai in Richtung Fähranleger ist wegen geringer Wassertiefe ein Anlegen nicht möglich. Der Fähranleger selbst muß grundsätzlich freigehalten werden. Oft liegen Yachten auch an der Außenseite der Mole vor Anker und haben Leinen zu den aufgeschütteten Felsbrocken ausgebracht.

Wasser	An der Pier zu bestimmten Zeiten (Wasserwart).
Treibstoff	Diesel-Tankstelle an der Straße Richtung Chora.
Lebensmittel	Zwei Läden, Metzger, Bäcker. Stangeneis im Minimarkt.
Restaurants	Gute Tavernen am Hafen entlang.
Post/Telefon	Im Hauptort Seriphos (gut 45 min Fußweg). Telefon auch am Kiosk direkt an der Pier.

Fährverbindung mit verschiedenen Inseln und Piräus.
Der malerisch auf einer Felskuppe gelegene Ort Seriphos (auch Chora) ist auf einem Treppenweg oder auf der Autostraße zu erreichen. Schon wegen der schönen Aussicht lohnt sich die Mühe des Aufstiegs.

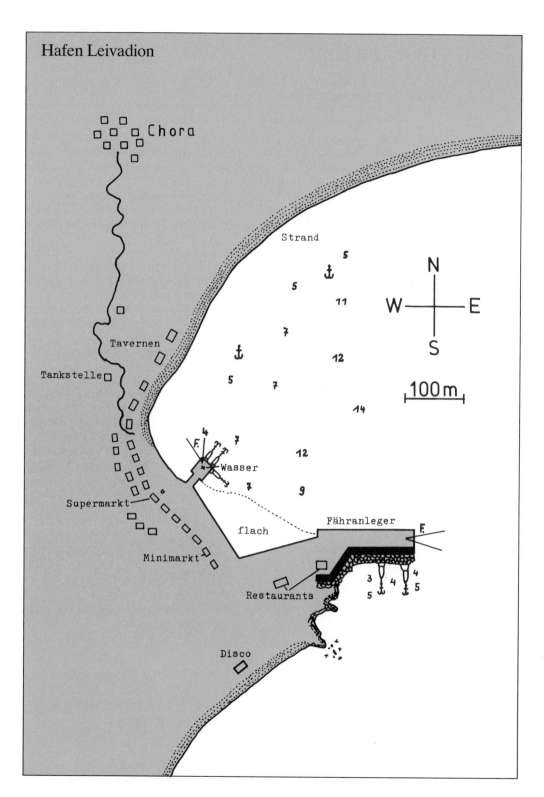

Insel Kythnos

Seekarten D 670 und 1089

Kythnos ist eine weitgehend kahle, mäßig hohe Insel (295 m), die auf ihrer Fläche von 99 km^2 nur spärlichen Anbau von Gerste und Hülsenfrüchten ermöglicht. In geschützten Talmulden gibt es einige Bauerngehöfte mit Viehhaltung. Früher war Kythnos für seine Maultierzucht bekannt. Die Eisenbergwerke sind stillgelegt. Um das Thermalbad Loutra sind seit der Renovierung viele Neubauten entstanden. Im ganzen aber ist die Insel vom Tourismus noch unverfälscht. Eine große Neuerung stellen die Versuchsanlagen des Solarkraftwerks und des „Windparks" dar.
Die meisten Yachten laufen − von der Attikaküste kommend − als erstes den Hafen Mericha an, weshalb dort reger Betrieb herrscht. Wer keinen Platz an der Pier findet, kann frei ankern oder in eine der Buchten nördlich von Mericha ausweichen, so daß jeder seines Platzes sicher sein kann.
An der West-, aber auch an der Südostseite befinden sich zahlreiche Buchten, die zwar bei Wind unbrauchbar sind, bei ruhiger Wetterlage jedoch erholsame Stunden versprechen; sie sind mit der Seekarte D 670 nach Sicht ohne Gefahr anzulaufen. Besondere Vorsicht ist bei der Ansteuerung von Ormos A. Stephanou geboten (siehe dort).
Geschichtlich unterscheidet sich Kythnos kaum von Kea oder Seriphos, ist vielleicht noch etwas unauffälliger. Die Bewohner (ca. 1600) sind ebenso freundlich wie auf den Nachbarinseln, Kirchen und typische Kykladengassen erfreuen das Auge, und der Interessierte findet auf Ausflügen z. B. bei Driopis eine Tropfsteinhöhle oder im Norden ein mittelalterliches Kastro auf einem Marmorfelsen zwischen zwei Schluchten. Sowohl von Loutra als auch von Mericha führt eine Straße zum Hauptort Kythnos (auch Chora) und nach Driopis (Dryopida).

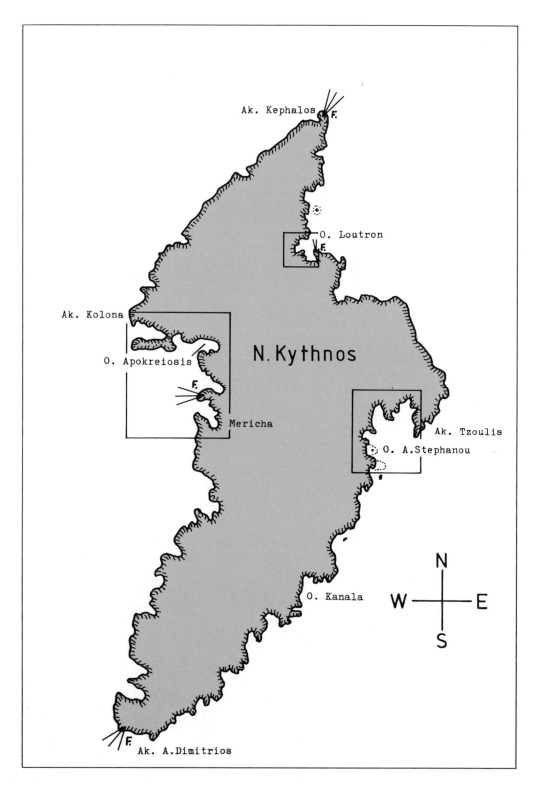

Ankerplätze nördlich von Ormos Mericha

Von der Attikaküste kommend, ist der Hafen Mericha bevorzugtes Tagesziel. Nur 1,5 sm nördlich vom Hafen Mericha gelegen, bieten sich einige gut geschützte Buchten zum Baden und auch zum Übernachten an. Bei der Annäherung an die Westküste von Kythnos muß man mit plötzlichen starken Fallböen rechnen, die um ein bis zwei Beaufort stärker sind als der Wind auf offener See. Auch die Ankerplätze sind den Fallböen ausgesetzt, weshalb man grundsätzlich reichlich Kette stecken sollte.

Ormos Apokreiosis auf 37°25,1′N 024°23,7′E schneidet tief nach Osten ins Land ein und endet in einem Sandstrand, vor dem man auf beliebiger Wassertiefe ankern kann. Ankergrund Sand und Mud, teilweise mit Seegras bewachsen. Einige Häuser liegen verstreut in dem anschließenden Tal.

Angali Phykiada (in der Seekarte D 670 namentlich nicht bezeichnet) befindet sich im nordwestlichen Teil des Ormos Apokreiosis. Die Bucht wird durch eine weit nach Westen reichende Halbinsel gebildet, auf der eine Kapelle steht. Breite, leider schmutzige Sand-Kies-Strände umgeben die Bucht.

Das Wasser ist makellos klar. Ankergrund ist gut haltender Sand mit Seegrasstellen.

Gelegentlich ankern Sportboote auch in den kleinen Einbuchtungen nördlich der Halbinsel, im **Ormos Kolona,** wo nach Beobachtung die Fallböen geringer zu sein scheinen.

Ormos Episkopis, eine tief nach Ostsüdost einschneidende Bucht, hat ebenfalls guten Sandgrund vor einem weiten Strand. Nur einige Ferienhäuser und eine Kapelle.

In den Buchten keinerlei Versorgungsmöglichkeiten. Die Straße Mericha – Kythnos führt vorbei. Fußweg nach Mericha ca. 45 min.

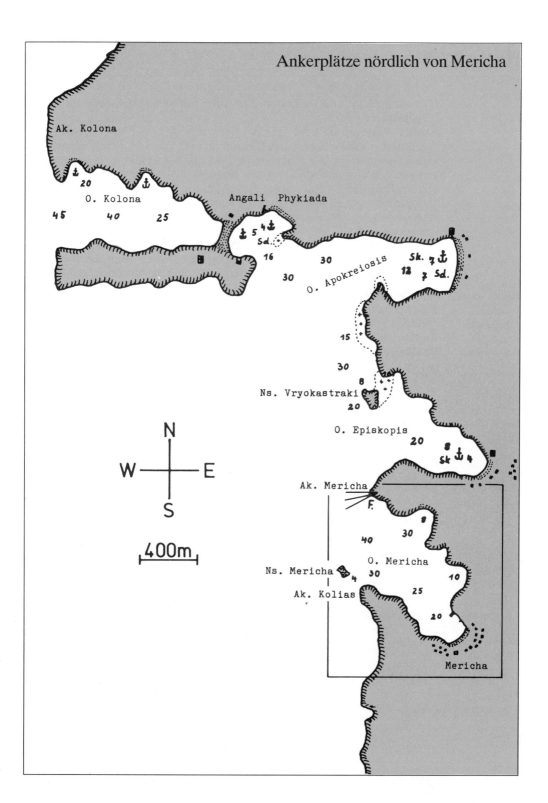

Hafen Mericha

Insel Kythnos
37°23,7′N 024°23,8′E

Obwohl nach Nordwesten offen, bietet der hübsche Hafen Mericha sichere Liegeplätze.

Bei der Ansteuerung sieht man bei Tag von weitem den Ort, nachts ist die Nordhuk der Einfahrt befeuert (Sektorenfeuer). Nisis Mericha, die niedrige kleine Felsinsel, die der südlichen Huk Ak. Kolias weit vorgelagert ist, muß man mit gehörigem Abstand runden. Sonst ist die Bucht frei von Untiefen.

Die etwa 50 m lange Mole, an der die Fähren anlegen, trägt ein Molenlicht, das aber nicht immer in Betrieb ist. Hier kann man nur anlegen, wenn man sich vergewissert hat, daß keine Fähre mehr erwartet wird. Die Fähre beansprucht den gesamten Kai!

Im allgemeinen legen Yachten an der Pier an, soweit die Fischerboote Platz lassen, oder gehen mit langen Heckleinen an die Steinschüttung daneben. Notfalls kann man auch inmitten des Hafens ankern. Ankergrund Schlick.

Wasser — Kein Anschluß. Notfalls kleine Mengen von den Cafés.
Treibstoff — Tankstelle mit Diesel, Benzin und Super siehe Plan.
Lebensmittel — Zwei Supermärkte (auch Bank und Briefmarken) in der Parallelgasse.
Restaurants — Restaurant, Tavernen und Cafés am Hafen.
Post/Telefon — Briefkasten und OTE an der Wasserfront.

Fährverbindung zwischen den Inseln und Piräus. Bus zum Hauptort (Chora).

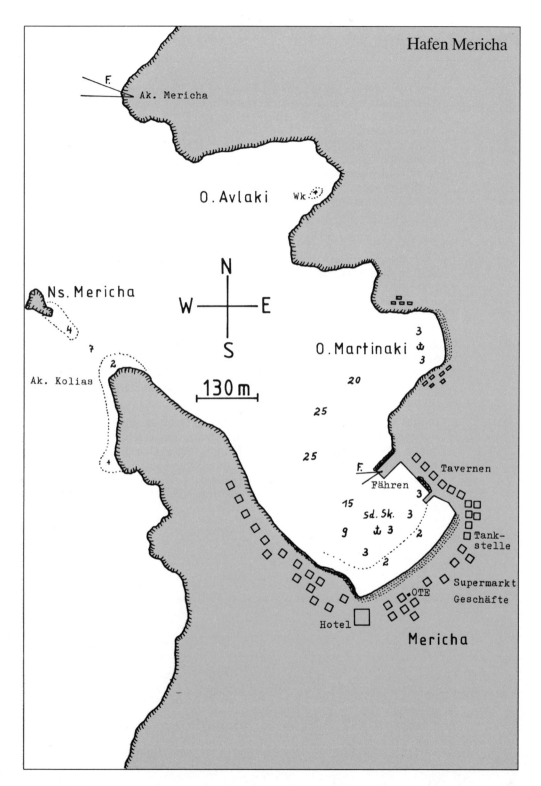

Ormos Loutron

Insel Kythnos
37°26,7′N 024°25,8′E

Die Ansteuerung dieser großen Bucht ist bei Tag und Nacht möglich. Das Leuchtfeuer auf der südlichen Einfahrtshuk ist auch bei Tag eine gute Landmarke, ebenso die vielen weißen Häuser des Ortes. Nachts ist auch die neue Mole befeuert.
Östlich der Fischerpier wurde das Ufer zum Kai ausgebaut. Leider wurden die staatlichen Zuschüsse gekürzt, so daß die Bauarbeiten nur teilweise ausgeführt werden konnten. Das Ufer ist also nicht − wie geplant und in Plan O der D 1089 zu sehen − bis zur Fischerpier aufgefüllt worden. Der Kai hat nur bis zum Knick eine Wassertiefe von 3 m.

Achtung   Etwa 20 m westlich des Molenkopfes liegt ein schwerer Anker auf dem Grund und bringt manchem Skipper Probleme.

Da man sich um den Yachttourismus bemüht, sind Baggerarbeiten vorgesehen und ein Wasseranschluß am Kai geplant. Zur Verpflegung gibt es drei Tavernen und einen Supermarkt (mit Telefon).
Bei ruhiger See kann man vor dem Strand ankern. Grund Sand und kleine Steine, auch Seegras. (Bei Meltemi liegt man bedeutend besser im Ormos A. Eirinis, siehe unten.)
Bereits im Altertum wurden die heißen Quellen von Loutra zur Behandlung von Rheuma genutzt. Seitdem das Thermalbad renoviert wurde, sind auch zahlreiche Neubauten entstanden. Trotz des zunehmenden Tourismus ist der Ort ruhig (Kurbetrieb ab Juni). Der Hauptort Kythnos ist zu Fuß in einer Stunde zu erreichen.

Ormos A. Eirinis, die südliche Seitenbucht des Ormos Loutron, besitzt im südöstlichen Winkel einen geschützten Ankerplatz, der auch bei Meltemi brauchbar ist, obwohl sich die umlaufende Dünung bemerkbar macht. Grund Mud und Seegras. Notfalls kann man Leinen zum Land ausbringen. Man beachte die ausliegenden Muringketten und Anker der Fischerboote.
Vor dem befestigten Ufer bei den wenigen Häusern sind die Wassertiefen gering.
Keinerlei Versorgungsmöglichkeiten.

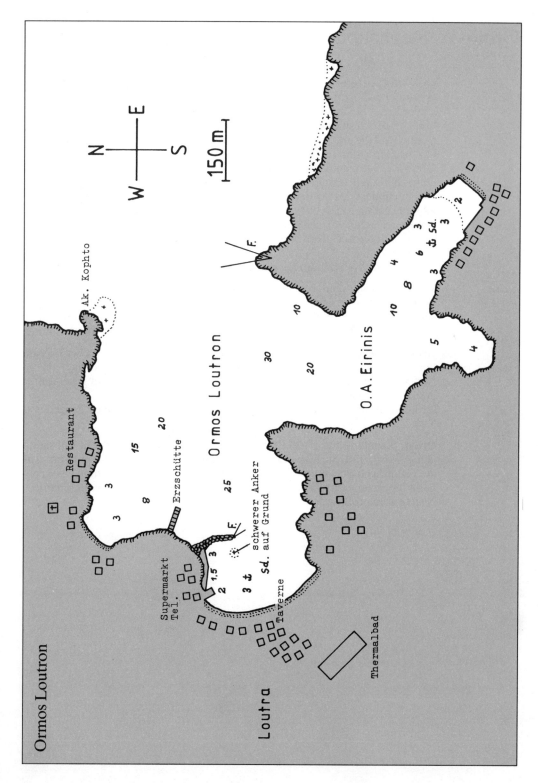

Ormos A. Stephanou

Insel Kythnos
37°23,8′N 024°27,4′E

Diese Bucht bietet besten Schutz gegen Wind und Seegang aus allen Richtungen außer Südost. Die Ansteuerung ist am Tage einfach, bei Nacht wegen fehlender Feuer nicht zu empfehlen.

Von Norden kommend, umrunde man das Kap Ak. Tzoulis und laufe dann westlich auf die auffällige Kapelle zu, die auf einer kleinen Halbinsel zwischen Ormos Stephanou und Ormos Lousa steht.

Ormos A. Stephanou schneidet zwischen dieser Halbinsel und der nördlichen Huk, die durch gemauerte Baken gekennzeichnet ist, nach Norden ein. Im Scheitel und an der Ostflanke stehen einige Häuser. Der kleine Anleger für Fischerboote hat nur sehr flaches Wasser. Dicht vor dem Kiesstrand kann man vor Anker gehen. Ankergrund Sand und Mud. Da der Grund rasch abfällt, stecke man reichlich Kette. Bei starkem Meltemi heftige Fallböen, aber sicheres Liegen.

Außer einem Wasserhahn (siehe Plan) keine Versorgung.

Achtung   Von Süden kommend, reichlich Abstand von der Küste halten, da eine Untiefe mit 0,90 m Wassertiefe ca. 400 m von der Küste entfernt in östlicher Richtung liegt. Eine zweite Untiefe erstreckt sich von der Huk, die die Buchten Ormos Stephanou und Ormos Ioannou voneinander trennt, in südöstliche Richtung.

Ormos A. Ioannou, östlich von Ormos Stephanou gelegen, bietet ebenfalls guten Schutz bei Nordwinden. Beim Anlaufen halte man sich weit östlich, da die Klippen, die man an der Brandung erkennen kann, unter Wasser noch weiter in südöstliche Richtung reichen.

Größte Einsamkeit, nur eine Kapelle, rundum Terrassen, ein paar Ziegen und Kühe.

Ormos Kanala (ohne Plan) ist eine nach Süden weit offene Bucht mit sandigem Ankergrund. Sie liegt etwa 3,5 sm südlich von Ormos A. Stephanou. Auf die gefährliche überspülte Klippe östlich der Einfahrt ist zu achten. Der zauberhaft gelegene Ort Kanala ist außerhalb der Saison fast unbewohnt, denn er besteht zum größten Teil aus Sommerhäusern.

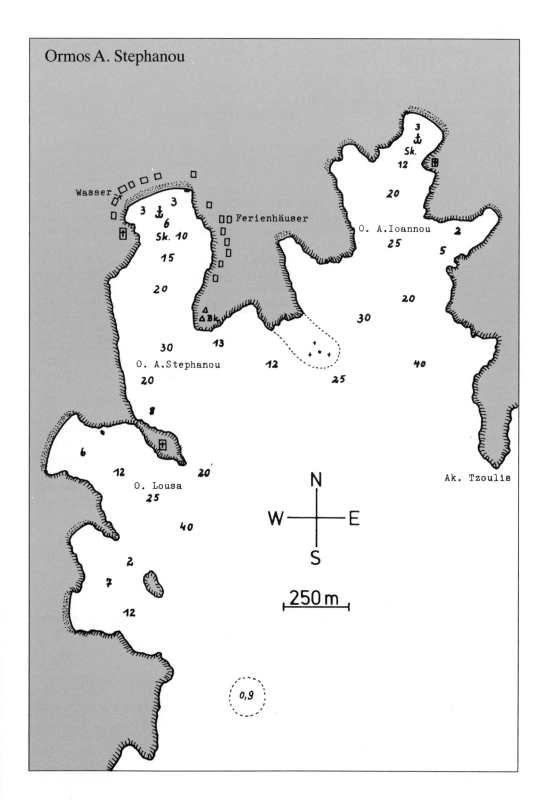

Insel Kea

Seekarten D 670 und 1089

Westliche Kykladeninsel mit einer Größe von 131 km^2. Die etwa 2000 Bewohner ernähren sich bescheiden durch landwirtschaftliche Erzeugnisse. Die in der Antike bedeutende Silber- und Erzgewinnung ist unrentabel geworden.
Im Inneren der Insel erhebt sich der Profitis Ilias genannte Berg zu einer Höhe von 560 m. Mehrere Talmulden senken sich allmählich zur Küste hinab und enden in den Buchten, die als Ankerplätze brauchbar sind. Nur in diesen Buchten ist die Küste zugänglich, sonst ist sie steil abfallend, vor allem an der Ostseite, wo nur an zwei Stellen bei ruhiger Wetterlage Ankermöglichkeit besteht. Die einzig wirklich sichere Bucht stellt Ormos Vourkari im Limin A. Nikolaou dar, an der Nordwestseite der Insel gelegen. Hier befindet sich auch der Fährhafen Korissia (Leivadion), und hier konzentriert sich der Tourismus.
Obwohl in diesem Buch an letzter Stelle behandelt, wird die Insel Kea für viele Yachtfahrer, von Kap Sounion kommend, das erste Tagesziel sein. Bei der Ansteuerung von Ln. A. Nikolaou sollte man beachten, daß der Wind bei der Insel Makronisos mehr aus nordwestlicher Richtung kommt. Segler sollten deshalb diesen Wind ausnutzen und die größtmögliche Höhe laufen. Bei der Annäherung an die Insel Kea dreht der Wind mehr auf Nord bis Nordost, so daß ein direktes Anliegen oft nicht mehr möglich ist. Außerdem setzt zwischen Kea und Makronisos bei starkem Meltemi eine beachtliche Strömung in Richtung Südwest. Da die Strömung nahe der Insel Kea am stärksten ist, sollte man beim Aufkreuzen mindestens 2–3 sm Abstand halten. Falls sich ein Anlaufen des Ln. A. Nikolaou wegen der Wind- und Strömungsverhältnisse als schwierig erweist, kann man in den Ormos Pisa, 4,5 sm südlicher gelegen, ausweichen.
Die verwaltungsmäßig zu Kea gehörende **Insel Makronisos** besitzt an ihrer gesamten Küstenlinie keine gegen auflandigen Seegang geschützten Ankerplätze.

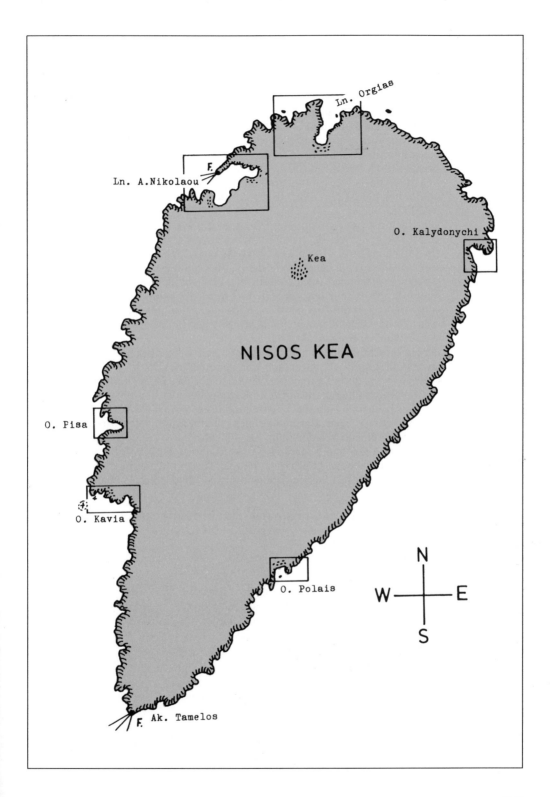

Limin A. Nikolaou

Insel Kea
37°40′N 024°19′E

Diese im Nordwesten von Kea gelegene große Bucht bietet mit Abstand die sichersten Ankerplätze der ganzen Insel. Bei der Ansteuerung der Bucht ist zu beachten, daß Wind und Strömung stark nach Süden versetzen können, was beim Kurs rechtzeitig zu berücksichtigen ist. Siehe hierzu auch die Ausführungen unter „Insel Kea".

Navigatorisch bereitet das Einlaufen in die weiträumige Bucht keine Schwierigkeiten, da beide Einfahrtshuken nachts befeuert sind. Eine gute Landmarke bei Tag ist der Leuchtturm auf der nördlichen Einfahrtshuk, Ak. A. Nikolaou.

Die Bucht ist frei von Untiefen. Bei starkem Meltemi steht vor der Einfahrt eine kurze hohe See, die sich im Inneren aber schnell beruhigt.

Im südlichen Teil der Bucht, im Ormos Leivadi, befindet sich der **Hafen Korissia** (Leivadion), Anlegeplatz für die Fähren vom Festland (Lavrion). Obwohl durch eine mächtige Mole geschützt, liegt man bei starken Winden am Kai und hinter der Mole sehr unruhig. Dieser Liegeplatz kann deshalb nur zum Bunkern von Wasser und Treibstoff sowie zum Einkaufen empfohlen werden. Vorsicht: Durch Bauarbeiten in der nordwestlichen Ecke des Hafens kann sich die Wassertiefe am Kai geändert haben.

Bestens geschützt liegen Yachten im östlichen Teil der Bucht, **Ormos Vourkari,** an dessen Südseite das Ufer zum Kai ausgebaut ist. Da der Grund schnell auf größere Tiefen abfällt und heftige Fallböen über die Hügel kommen, muß man beim Anlegen am Kai ausreichend Kette geben. Nicht auf der ganzen Länge des Kais kann man nahe ans Ufer heranfahren, denn die Wassertiefen sind sehr unterschiedlich. Es ist deshalb bei der Annäherung größte Vorsicht geboten. Ein gutes Dutzend Yachten kann hier Platz finden.

Auch zum Ankern auf beliebiger Wassertiefe ist genügend Platz; im Grund, hier stark mit Seegras bewachsen, hält der Anker nicht immer gleich. Das Ankerverbot in der nördlichen Einbuchtung ist zu beachten (siehe Plan A der D 1089).

Hafenamt	Strenge Kontrolle der Schiffspapiere durch die Hafenpolizei.
Wasser	Schlauchanschluß direkt am Kai gegen Bezahlung.
Treibstoff	Nur im Hafen Korissia.
Lebensmittel	Ein gut sortierter Laden.
Restaurants	Gute Tavernen.
Post/Telefon	Poststelle in der Boutique, Telefon mit Zähluhr im Lebensmittelladen.

Taxi und Bus nach Korissia und zum hübsch gelegenen Hauptort Kea. Etwa 2 km von dort ein aus dem Felsen gehauener Löwe aus dem 6. Jh. v. Chr.

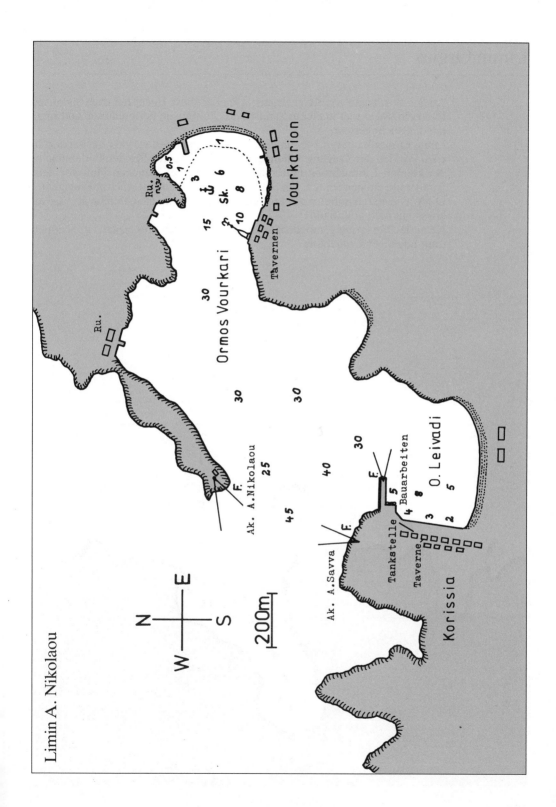

Limin Orgias

Insel Kea
37°40,7'N 024°21'E

An der Nordküste von Kea gelegen, schneidet diese Bucht tief nach Süden ins Land ein. Sie endet in einem Sandstrand. Zahlreiche Ferienhäuser sind rings um die Bucht gebaut.

Limin Orgias kann nur bei ruhigem Wetter angelaufen werden, da bei nördlichen Winden der Seegang voll hineinsteht. Bei leichten Winden findet man in der kleinen Einbuchtung hinter der Klippe an der östlichen Huk vor dem Sandstrand einigen Schutz. Für Südwinde ist die Bucht natürlich gut geeignet.

Die Wassertiefen nehmen zum Scheitel der Bucht hin gleichmäßig ab. Ankergrund gut haltender Sand.

Keinerlei Versorgungsmöglichkeiten. Ein einsamer Ankerplatz in schöner, sanft hügeliger Umgebung.

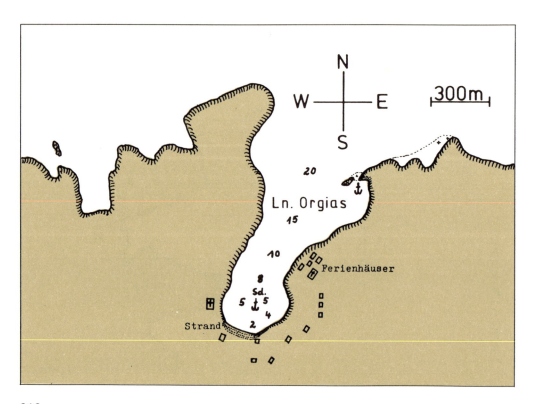

Ormos Kalydonychi

Insel Kea
37°38,7'N 024°24,2'E

In die felsige Ostküste von Kea buchtet Ormos Kalydonychi tief nach Nordwesten ein und bietet Schutz bei nördlichen Winden, wenn auch etwas Dünung umläuft.

Die Bucht ist frei von Untiefen, man kann auf beliebiger Wassertiefe über feinem Sandgrund ankern. Nur ein paar Hütten stehen ringsum. Durch das im Sommer trockene Flußtal können Böen kommen, die von der vorherrschenden Windrichtung abweichen.

Das hinter dem Sandstrand liegende Flußtal zeigt üppige Vegetation und fruchtbare Felder. Große Abgeschiedenheit, höchstens ein bis zwei Fischerboote.

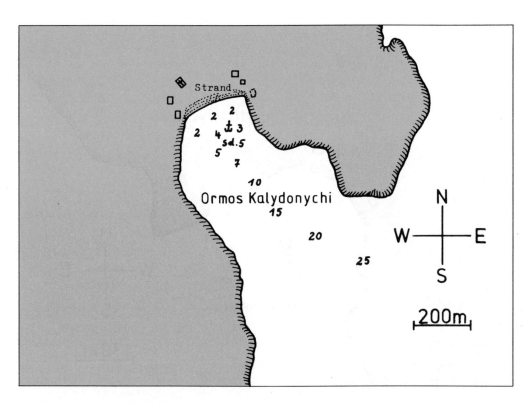

Ormos Polais

Insel Kea
37°33,6′N 024°20′E

An der Südostküste von Kea gelegen, bietet diese Bucht keinen Schutz bei nördlichen Winden. Sie schneidet nur wenig in die Küste ein. Der Ankergrund besteht aus Sand und Felsplatten.

Als Ankerplatz ist die Bucht nur für einen zeitweiligen Aufenthalt bei ruhiger Wetterlage geeignet. Wegen ihrer landschaftlichen Schönheit und für einen Besuch der Reste der antiken Stadt Karthaia, deren polygonales Mauerwerk bei der Annäherung sofort auffällt, ist sie jedoch sehr empfehlenswert.

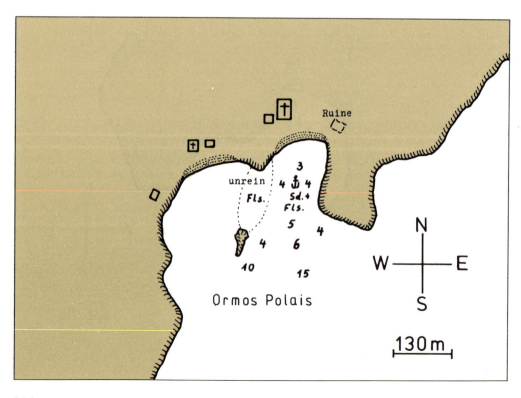

Ormos Kavia

Insel Kea
37°34,5'N 024°16,5'E

Von felsigen Ufern umgeben, bietet diese Bucht (auch Koundouros Bay genannt) an der Westseite der Insel Kea einen zunehmend beliebten Ankerplatz und guten Schutz bei Nordwind.

Je nach Richtung erkennt man bei der Ansteuerung ein großes Hotel auf einer Felshuk und viele Windmühlenruinen auf der Anhöhe. Die Bucht liegt östlich des Hotels und muß vorsichtig angesteuert werden, da die Felszungen sich unter Wasser noch fortsetzen.

Der geräumige Ankerplatz selbst hat Grund aus Sand. Erst in der Nähe des Kiesstrandes ist der Grund steinig.

Vom sauberen Meerwasser abgesehen, dürfte die Bucht durch die Hilfsbereitschaft des Herrn Manos an Anziehungskraft für Sportbootfahrer gewinnen. Neben einigen einfach ausgestatteten Ferienwohnungen, einer Taverne und einem Minimarkt bietet Herr Manos in kleinen Mengen Treibstoff, Wasser, Gas, Batterieladung und Motorenöl an. Bei Bedarf besorgt er weitere Dinge im 22 km entfernten Korissia.

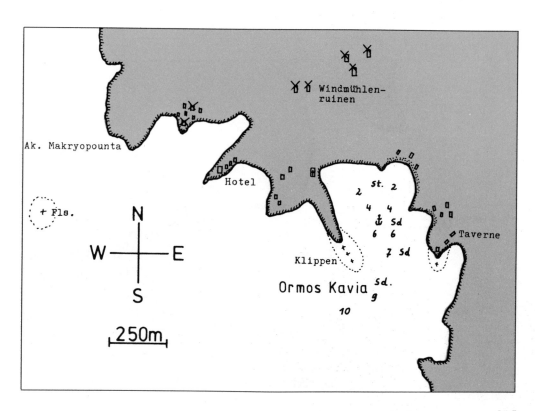

Ormos Pisa

Insel Kea
37°36,1'N 024°16,6'E

Etwa 5 sm südlich von Ln. A. Nikolaou liegt diese Bucht, die gegen Nord- bis Nordostwinde guten Schutz bietet. Die Bucht läuft in einem Sandstrand aus. Ankergrund ist Sand. Wenn auch Fallböen von den Bergen kommen, so liegt man hier doch recht gut. Je nach Tiefgang kann man nahe dem Strand ankern, denn die Bucht ist frei von Untiefen.

Ormos Pisa kann für einen Zwischenaufenthalt sehr nützlich sein, wenn das Kreuzen zum Hafen A. Nikolaos (Korissia) zu mühsam wird. Siehe hierzu auch die Ausführungen unter „Insel Kea".

Die Taverne am Ufer ist nur im Sommer geöffnet.

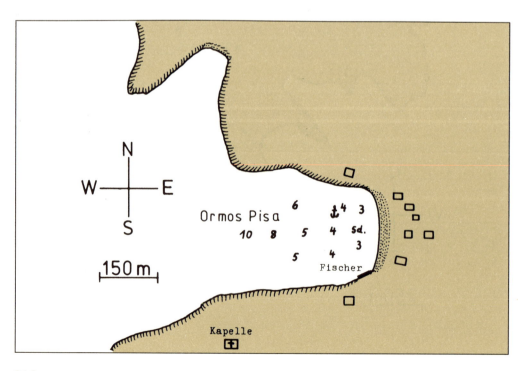

216

Register

Adamas, Hafen (Insel Milos) 182
Aetou, Ormos (Insel Syros) 98
Agrilithi, Porto (Insel Astypalaia) 143
Aigiali, Hafen (Insel Amorgos) 152
Akrotiri, Ankerplatz (Insel Thira) 156
Alimos Marina = Kalamaki (Attikaküste) 26
Aliveri, Hafen (Insel Euböa) 57
Almyropotamos, Ormos (Insel Euböa) 61
Amarynthos, Hafen (Insel Euböa) 56
Amorgos, Insel 148
Amphitheas (Attikaküste) 24
Anaphi, Insel siehe 154
Anavyssou, Ormos (Attikaküste) 36
Andreas, Vr. A., Ankerplatz bei Kimolos 179
Andros, Insel 72, Hafen (Kastron) 78
Angali Phykiada (Insel Kythnos) 200
Annas, Ormos A. (Insel Mykonos) 105
Ano Kouphonisos, Insel der Erimonisia-Gruppe, Hafen 130
Antikaros, Insel der Erimonisia-Gruppe 133
Antimilos, Insel der Milos-Gruppe 174
Antiparos, Insel 110, Ankerplatz 117
Antiparou, Stenon = Durchf. zw. Paros und Antiparos 110, 116
Apokreiosis, Ormos (Insel Kythnos) 200
Apollona, Ormos (Insel Naxos) 124
Apostoloi, Hafen A. (Südl. Euböa-Golf) 48
Apostoloi, A. (Insel Euböa) 71
Astypalaia, Insel 140, Hauptort siehe Hafen Skala 147
Athinio, Ormos (Insel Thira) 158
Attikaküste (Golf von Athen, Saron. Golf, Ostküste) 19

Batsi, Hafen (Insel Andros) 74

Chalkis, Hafen (Insel Euböa) 44, 50
Chora, Chorion = Ort, Hauptort einer Insel

Delos = Dilos, Insel 100
Delphino, Ormos (Insel Syros) 97
Dendron, Ormos (Insel Donousa) 134
Denousa siehe Donousa 134
Despotiko, Insel 110
Despotikou, Ormos 118
Dilessi (Südl. Euböa-Golf) 49
Dilos, Insel (auch Delos) 100
Dilou, Stenon = Durchfahrt bei Insel Dilos 106
Donousa, Insel der Erimonisia-Gruppe 134
Drima, Insel der Erimonisia-Gruppe 133
Dysvaton, Stenon = Durchfahrt zwischen Andros und Tinos 82

Eirinis, Ormos A. (Insel Kythnos)   204
Episkopis, Ormos (Insel Kythnos)   200
Eretria siehe Nea Psara   54
Erimonisia = Inselgruppe   120
Ermoupolis = Syros, Hafen   88
Euböa, Evia, Evvoia, Insel   44
Euripos, Meerenge von (Stenon Evripou) siehe Chalkis   44, 50

Flisvos, Hafen (Attikaküste)   24
Fourni-Bucht (Insel Dilos)   106

Gaidaros, Insel bei Syros   86, 90
Gaidouromandra, Ormos, Olympic-Marina (Attikaküste Ost)   38
Gaidouroniso, Insel siehe Palaia Phokaia   36
Galissas, Ormos (Insel Syros)   95
Gavrion, Hafen (Insel Andros)   76
Georgiou, Ormos A. (Insel Irakleia)   127
Georgiou, Ormos A. (Insel Siphnos)   193
Glyphada Marina 3 (Attikaküste)   30
Glyphada Marina 4 (Attikaküste)   28
Gyaros, Insel siehe Insel Tinos   82

Ioannou, Ormos A. (Insel Kythnos)   206
Ioannou, Ormos A. (Insel Paros)   112
Ios, Insel 165, Hafen   166
Irakleia, Insel der Erimonisia-Gruppe   127, 128

Kalafatis-Beach siehe Ormos A. Annas (Insel Mykonos)   105
Kalamaki, Hafen (Alimos Marina, Attikaküste)   26
Kalanto, Ormos (Insel Naxos)   126
Kalotyri, Ormos (Insel Amorgos)   151
Kalydonychi, Ormos (Insel Kea)   213
Kamarai, Hafen (Insel Siphnos)   191
Kammeni, Inseln siehe Nea und Palaia Kammeni   154, 159, 160
Kanala, Ormos (Insel Kythnos)   206
Kaphireos, Stenon = Durchfahrt zwischen Euböa und Andros   72
Karavostasi, Ormos (Insel Pholegandros)   172
Karos, Insel der Erimonisia-Gruppe und Ankerplatz   132
Karystos, Hafen (Insel Euböa)   69
Kastri, Ormos (Insel Euböa)   70
Kastro, Ormos (Insel Siphnos)   186
Kastron, Ln. Kastrou = Andros, Hafen   78
Katapola, Hafen (Insel Amorgos)   150
Kavia, Ormos (Insel Kea)   215
Kea, Insel   208
Kimolos, Insel der Milos-Gruppe   174, 177, 178, 179
Kolona, Ormos (Insel Kythnos)   200
Kolpos = Golf
Korissia, Hafen (Insel Kea)   210
Korthiou, Ormos (Insel Andros)   80
Koumparas, Ormos (Insel Ios)   165
Koundouros Bay = Ormos Kavia (Insel Kea)   215

Kouphonisos, Inseln siehe Ano Kouphonisos 130
Koutala, Ormos (Insel Seriphos) 195
Kykladen siehe ab 72
Kynaros, Insel der Levitha-Gruppe 137
Kyni, Ormos (Insel Syros) 96
Kythnos, Insel 198

Lagonisi, Hafen (Attikaküste) 35
Langeri, Ormos (Insel Paros) 112
Lavrion, Hafen (Attikaküste Ost) 40
Leivadi, Piso = Piso Leivadi, Hafen (Insel Paros) 119
Leivadia, Ormos (Insel Astypalaia) 144
Leivadion = Korissia (Insel Kea) 210
Leivadion, Hafen (Insel Seriphos) 196
Levitha, Insel und Inselgruppe 137
Levitha, Ormos (Insel Levitha) 139
Levkanti, Ormos (Insel Euböa) 54
Limin (Ln.) = Hafen, auch hafenähnliche Bucht siehe Eigenname
Loutron, Ormos (Insel Kythnos) 204
Loutsa, Hafen (Attikaküste) 40

Makronisos, Insel 208
Maltezana, Ormos (Insel Astypalaia) 144, 146
Manganari, Ormos (Insel Ios) 168
Marathonos, Ormos (Petalischer Golf) 62
Marinas, Ormos A. (Petalischer Golf) 62
Marmara, Ormos (Insel Paros) 110
Marmari, Hafen (Insel Euböa) 66
Marmariai, Anlegeplatz (Insel Thira) 164
Mataio, Ormos (Insel Donousa) 136
Mati, Hafen (Attikaküste) 46
Mega Leivadi siehe Insel Seriphos 194
Megali Angali, Ormos (Insel Gaidaros) 90
Megas Lakkos, Ormos (Insel Syros) 99
Mericha, Hafen (Insel Kythnos) 202
Milos, Insel und Inselgruppe 174
Miso, Ormos (Insel Rineia) 108
Monolithos, Hafen (Insel Thira) 156
Mounichia, Hafen (Ln. Mounichias, Attikaküste) 22
Moutsouna, Ormos (Insel Naxos) 120
Mouzaki, Ankerplatz (Insel Thira) 164
Mykonos, Insel 100, Hafen 102
Mylopotamou, Ormos (Insel Ios) 165
Myrsini, Ormos (Insel Schinousa) 128

Naousa, Hafen (Insel Paros) 112
Naxos, Insel 120, Hafen 122
Nea Kammeni, Insel 154, Ankerplatz 159
Nea Makri, Hafen (Attikaküste) 46
Nea Psara (Eretria), Hafen (Insel Euböa) 54
Nea Styra, Anlegeplatz (Insel Euböa) 64
Nikolaou, Ln. A. (Insel Kea) 210

Nikolaou, Ormos A. (Attikaküste Ost) siehe Lavrion 40
Nikolaou, Ormos A. (Insel Thirasia) 161
Nisis (Ns.) = kleine Insel
Nisoi (Noi.) = Inselgruppe siehe Eigenname
Nisos (N.) = Insel
Notios Evvoikos Kolpos = Südlicher Euböa-Golf 44

Olympic Marina siehe Ormos Gaidouromandra 38
Orgias, Ln. (Insel Kea) 212
Ormos (O.) = Bucht siehe Eigenname
Ornos, Ormos (Insel Mykonos) 104
Oropou, Skala, Anlegeplatz (Südl. Euböa-Golf) 49

Palaia Kammeni, Insel 154, Bucht 160
Palaia Phokaia, Hafen (Attikaküste) 36
Panagia (Insel Euböa) 61
Panormos, Ormos (Insel Mykonos) 100
Panormou, Ormos (Insel Astypalaia) 141
Panormou, Ormos (Insel Naxos) 125
Panormou, Ormos (Insel Tinos) 83
Paradeisia, Ormos, Ankerbucht westlich von (Insel Amorgos) 149
Paraporti, Ormos (Insel Andros) 78
Parianos, Hafen (Insel Ano Kouphonisos) 130
Paroikia = Paros, Hafen 114
Paros, Insel 110, Hafen 114
Petalioi, Inselgruppe 68
Petalion Kolpos = Petalischer Golf 44
Petousi, Insel (Petalischer Golf) 62
Petries, Ormos (Insel Euböa) 71
Pharos, Ormos (Insel Siphnos) 187
Phoinikos, Ormos (Insel Syros) 93
Pholegandros, Insel 171
Phykiada, Angali siehe Angali Phykiada (Insel Kythnos) 200
Phykiada, Ormos (Insel Siphnos) 189
Pigadi, Ormos (Insel Irakleia) 128
Piräus siehe Ln. Zeas und Ln. Mounichias 22
Pisa, Ormos (Insel Kea) 216
Piso Leivadi, Hafen (Ormos Marpissa, Insel Paros) 119
Plastira, Ormos (Insel Paros) 112
Platys Gialos, Ormos (Insel Siphnos) 188
Pningo, Ormos (Insel Kynaros) 137
Polais, Ormos (Insel Kea) 214
Pollonia, Hafen (Insel Milos) 180
Polyaigos, Insel der Milos-Gruppe 174, 176
Porto siehe Eigenname
Poseidonia, Hafen (Insel Syros) 94
Pounta, Fähranleger (Insel Paros) 117
Prasonisi, Ankerbucht bei der Insel Kimolos 177
Prokopiou, Ormos A. (Insel Naxos) 122
Psathi, Hafen (Insel Kimolos) 178

Raphina, Hafen (Attikaküste Ost) 46

Raphti, Porto (Attikaküste Ost) 42
Rena, Ormos (Insel Naxos) 126
Rineia, Insel 100, 108
Roussa, Ormos (Insel Donousa) 136

Santorin = Insel Thira 154
Schino, Ormos (Insel Rineia) 108
Schinounta, Ormos (Insel Astypalaia) 144
Schinousa, Insel der Erimonisia-Gruppe 128
Seriphos, Insel 194
Sikinos, Insel 170
Siphnos, Insel 184
Skala, Ormos = Anlegeplatz Thira 162
Skala, Ormos und Hafen des Ortes Astypalaia 147
Skala, Ormos (Insel Sikinos) 170
Skala Oropou (Südl. Euböa-Golf) 49
Sounion, Ln. (Attikaküste) 37
Stavros, Ormos (Insel Donousa) 135
Stenon = Meerenge, Durchfahrt siehe unter Eigenname
Stephanou, Ormos A. (Insel Kythnos) 206
Styra, Insel (Petalischer Golf) 62
Syros, Insel 86, Hafen (Ermoupolis) 88

Theodotis, Ormos (Insel Ios) 165
Thira, Insel (auch Santorin) 154, Anlegeplatz Skala 162
Thirasia, Insel 154
Tinos, Insel 81, Hafen 84
Treis Klisies, Ormos (Insel Ios) 169
Trio, Ormos (Insel Paros) 110
Tsitsifion Kallitheas, Hafen (Attikaküste) 24

Varis, Ormos (Insel Syros) 91
Varkiza, Hafen (Attikaküste) 34
Vathy, Ormos (Insel Levitha) 138
Vathy, Ormos (Insel Pholegandros) 173
Vathy, Ormos (Insel Siphnos) 190
Vathy, Porto (Insel Astypalaia) 142
Vlychada, Ormos (Insel Amorgos) 153
Voudia, Ormos (Insel Milos) 174, 180
Voula (Attikaküste) 30
Vouliagmeni, Marina (Attikaküste) 32
Vouphalo, Porto (Insel Euböa) 59
Vourkari, Ormos (Insel Kea) 210
Vourlithia (Insel Siphnos) 192
Vrachos (Vr.) = Klippe
Vryssi, Ormos (Insel Astypalaia) 144

Xero, Insel und Durchfahrt 66, 68

Yphalos (Yph.) = Klippe

Zea, Hafen, Marina (Ln. Zeas, Attikaküste) 22

Zu weiteren Häfen führen diese Bücher von Gerd Radspieler:

Häfen und Ankerplätze Griechenland 1
Ionische Inseln, westgriechisches Festland, Golfe von Patras und Korinth, Peloponnes, Argolischer und Saronischer Golf, Attikaküste.
248 Seiten mit 165 zweifarbigen Plänen, gebunden DM 42,–

Häfen und Ankerplätze Griechenland 3
Ostägäische Inseln, Dodekanes und Kreta.
232 Seiten mit 155 zweifarbigen Plänen, gebunden DM 42,–

Häfen und Ankerplätze Griechenland 4
Nordteil Euböas, Golf von Volos, Nördliche Sporaden, Thessaloniki, Chalkidiki, nordgriechisches Festland bis Alexandroupolis, Insel Thasos, Samothraki, Limnos, Evstratios, Lesvos.
224 Seiten mit 146 zweifarbigen Plänen, gebunden DM 42,–

Häfen und Ankerplätze Balearen
Mallorca, Menorca, Ibiza, Formentera, Espalmador.
200 Seiten mit 125 zweifarbigen Plänen, gebunden DM 42,–

Türkische Küste
Führer für Sportschiffer. Vom Bosporus bis Antalya.
272 Seiten mit 40 Farbfotos und 160 zweifarbigen Plänen, gebunden DM 58,–

H. M. Denham/Gerd Radspieler
Griechische Küsten
Führer für Sportschiffer
Ionisches Meer, Ägäis u. Kreta.
288 S. mit 39 Farbf., 107 zweifarbigen Plänen u. 14 Zeichn., gebunden, DM 58,–

Zu beziehen über jede Buchhandlung.
(Preisänderungen vorbehalten)

Delius Klasing Verlag

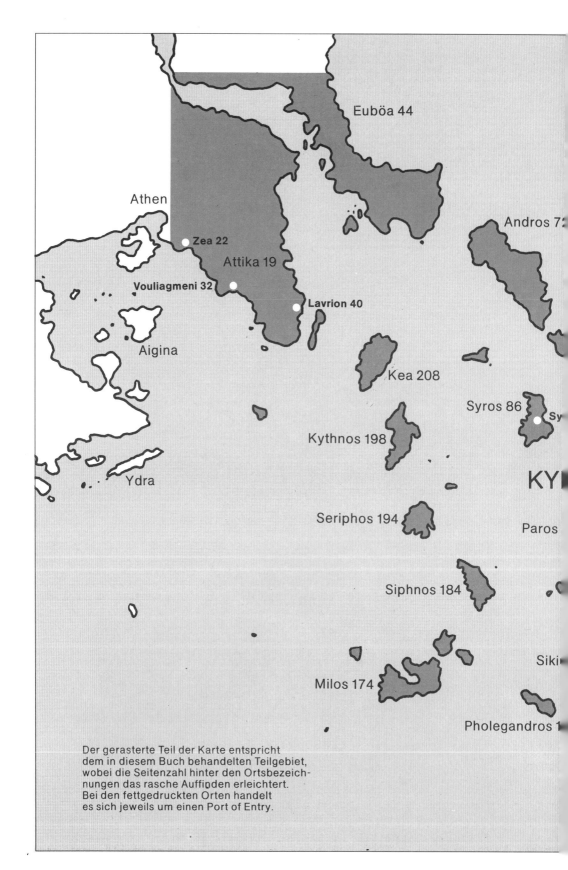

Der gerasterte Teil der Karte entspricht dem in diesem Buch behandelten Teilgebiet, wobei die Seitenzahl hinter den Ortsbezeichnungen das rasche Auffinden erleichtert. Bei den fettgedruckten Orten handelt es sich jeweils um einen Port of Entry.